Entwicklungspsychologie
leicht erklärt

Entwicklungspsychologische
Grundlagen verstehen
und anwenden.

Kinder und Jugendliche auf dem
Weg zur eigenen Persönlichkeit
mit Herz und Hirn begleiten.

Merle Kolb

Inhaltsverzeichnis

I. Kindheit und Jugend...................1

1. Entstehung der Vorstellung von Kindheit 1

2. Entstehung der Vorstellung von Jugend 3

II. Einfluss von Genen und Umwelt..... 9

1. Unregelmäßigkeiten im Erbgut.................................9

2. Einfluss von Genen...10

3. Sensible Phasen 11

4. Kommunikation zwischen Eltern und Kindern.........12

5. Lernvermögen...13

6. Unterschiede in der kindlichen Entwicklung..........17

III. Entwicklung des Gehirns.................20

1. Entwicklung des Körpers 20

2. Entwicklung des Gehirns..21

3. Leistungsfähigkeit des Gehirns 23

IV. Allgemeine Entwicklung von Kindern aus heutiger Sicht...................27

V. Geschäftsfähigkeit 33

VI. Bedeutung der Entwicklungspsychologie 35

VII. Jan Piaget (1896 – 1980) 37

1. Jean Piaget: Leben und Entwicklung der Lehre 37

2. Entwicklungsstadien der Kindheit nach Piaget 45

3. Begrifflichkeiten bei Piaget 67

VIII. Die Zeit der Jugend 75

1. Entwicklung während der Jugendzeit 75

2. Anforderungen der Gesellschaft an Jugendliche 79

IX. Entwicklung moralischer Vorstellungen 83

1. Die Entwicklung der Moral nach Piaget 83

2. Entwicklungsstadien in der moralischen Vorstellung nach Piaget 83

3. Die Entwicklung moralischer Vorstellungen nach Kohlberg (1927 bis 1987) 88

4. Kritik an Kohlberg 93

X. Entwicklung der Sprache................... 95

   1. Entwicklung der Äußerungen 95

   2. Untersuchungen der Sprachentwicklung 98

XI. Sigmund Freud (1856 – 1939) 101

   1. Sigmund Freud: Leben und Entwicklung der Lehre
....101

   2. Psychische Faktoren nach Freud................................109

   3. Entwicklungspsychologie Freuds 112

XII. Entwicklungspsychologie nach
Erikson 123

   1. Erik Erikson (1902 – 1994): Leben und Entwicklung
der Lehre..123

   2. Das Stufenmodell der menschlichen Entwicklung
nach Erikson 125

XIII. Bindungstheorie nach Edward John
Bowlby (1907 – 1990) und Mary Ainsworth
(1913 – 1999) 133

   1. Edward Bowlby: Leben und Entwicklung der Lehre
....133

   2. Die vier Phasen der Entwicklung nach Bowlby.......137

3. Die Weiterentwicklung der Bindungstheorie nach
Ainsworth 143

XIV. Ausblick....................................151

Hinweis: Im Text ist oft von der „Mutter" oder der „Bezugsperson" die Rede. Gemeint ist immer die Person, die sich vorwiegend um das Kind kümmert. Es kann in der Realität natürlich ebenso gut der Vater sein. Ob es unterschiedliche Auswirkungen hat, wenn ein Kind vorwiegend von der Mutter oder vom Vater betreut wird, ist noch nicht hinreichend erforscht. Im Allgemeinen ist die Tendenz jedoch anzunehmen, dass es darauf ankommt, einem Kind die nötige körperliche und emotionale Zuwendung zu geben, unabhängig vom Geschlecht.

1. Kindheit und Jugend

1. Entstehung der Vorstellung von Kindheit

Um die Entwicklung von Kindern und Jugendlichen unter psychologischen Gesichtspunkten in den Fokus zu nehmen, muss es zunächst einmal einen Begriff von Kindheit bzw. Jugend als eigenständige Stationen im Leben eines Menschen geben. Das ist nicht selbstverständlich. Beide Abschnitte kann man als Entdeckung bezeichnen. Erst Anfang des 19. Jahrhunderts begann man, Kinder in einem anderen Licht zu sehen als Erwachsene und beim Umgang mit ihnen zu berücksichtigen, dass sie sich in einem Entwicklungsprozess befanden. Es entstand eine Vorstellung davon, dass man **nicht von der Aufzucht, sondern von der Erziehung von Kindern** sprechen sollte.

In den vorausgegangenen Jahrhunderten behütete man Säuglinge und Kleinkinder. Danach reduzierte man die Art von Zuwendung, die mit der Annahme, dass Kinder schutzbedürftig sind, einhergeht. Man behandelte sie wie **Erwachsene im Kleinformat**. Das war bei einem Großteil der Bevölkerung der ökonomischen Situation geschuldet. Die bäuerlichen Familien, meist als Großfamilie strukturiert, waren auf jede Arbeitskraft angewiesen. Dass sechsjährige Kinder Tiere hüteten und teilweise versorgten, war keine Seltenheit, oft auch noch jüngere. Die Mitarbeit im Haushalt war selbstverständlich. Sie wuchsen in die Tätigkeiten hinein, die sie später im Erwachsenenalter ebenfalls ausführten. Auch in Familien, in denen ein

Handwerk betrieben wurde, dienten Kinder als Hilfskräfte. Die Verteilung der Rollen wurde schon früh nach geschlechtsspezifischen Gesichtspunkten vorgenommen. Jungen sandte man in einem Alter, in dem heute die Schule für sie beginnen würde, in andere Handwerker-Haushalte, damit sie dort zu Sattlern, Zimmermännern und vergleichbaren Berufstätigen ausgebildet wurden. Für diese Berufe war, wie für die Landwirte, typisch, dass Wohnen und Arbeiten an einem Ort, dem Zuhause der Familie, zusammenfielen. Mädchen sollten vor allem Haushaltstätigkeiten verrichten und sich um die jüngeren Geschwister kümmern. Ältere Kinder aus niedrigen Schichten mussten nach der Schule noch arbeiten, oftmals als Dienstleistende in den Haushalten von wohlhabenden und adeligen Familien. Für Kinder in gut situierten Familien war das Leben weit angenehmer, weil sie kein Geld verdienen mussten. Uneheliche Kinder waren erheblicher Diskriminierung ausgesetzt.

Das 19. Jahrhundert brachte gravierende soziale und gesellschaftliche Veränderungen mit. Das Bürgertum etablierte sich. In den Städten entstand die Trennung von Wohnen und beruflicher Tätigkeit. Dass die **Kindheit eine eigene Entwicklungsphase** ist, entstand als Idee erstmals in den bürgerlichen Familien. Ihre typischen Merkmale waren, dass die Ehemänner einem aushäusigen Beruf nachgingen, während die Ehefrauen sich um Haushalt und Kinder kümmerten. Die Kinder kamen nun in den Genuss von adäquatem Spielzeug, ebenso von kindgerechter Kleidung. Eltern begannen, ihre Kinder zu erziehen, in erster Linie übernahmen die Mütter diese Aufgabe. Im Laufe der Zeit kam die Idee auf, Kindern ein eigenes Zimmer zur Verfügung zu stellen. Die Mütter beschäftigten sich stärker mit den Kindern und deren Bedürfnissen, weil der Unterhalt für die Familie gewährleistet war und sie Zeit für sie hatten. Die emotionale Bindung verstärkte sich. Kinder wurden nicht mehr nur aufgezogen, man musste sich nun der aktiven Erziehung widmen, die vor allem in den Händen von Frauen lag (auch z. B. von Großmüttern, unverheirateten Tanten und für die Kinder zuständigen Haushaltsangestellten). Die Väter waren in die Erziehungstätigkeit kaum eingebunden, verlangten aber Gehorsam und wurden oft von den Kindern gefürchtet. Vor allem die männlichen Nachkommen, die in die Fußstapfen des Vaters treten sollten, wurden dem väterlichen Vorbild nicht immer gerecht, weil sie andere Veranlagungen mitbrachten. Jedoch wurden im Allgemeinen weder Jungen noch Mädchen danach gefragt, was sie sich für einen Beruf vorstellen könnten.

Die Lebensweise der bürgerlichen Familie entwickelte sich zum gesellschaftlichen Vorbild, und zwar für alle niedrigeren und sogar höheren Schichten. Kinder erhielten einen Platz als Familienmitglieder, die eigene Interessen hatte. Nun räumte man ihnen Zeit zum Spielen ein und kümmerte sich um ihr Wohlergehen. Auf dem Lande trat diese Änderung verzögert ein, und zwar erst mehrere Jahrzehnte später.

2. Entstehung der Vorstellung von Jugend

Nachdem es einen Begriff von „Kindheit" gab, entwickelte sich eine Vorstellung davon, dass es auch eine „Jugend" gibt. Vorher hatte man zwar schon von Jünglingen und Jungfern bzw. Jungfrauen gesprochen, doch nicht im Sinne eines Abschnitts der menschlichen Entwicklung, in der spezielle Prozesse ablaufen. Es waren eher allgemeine Bezeichnungen für jüngere Menschen. Im 19. Jahrhundert begann man, in den „Jüngling" die Hoffnung zu setzen, dass er sich im Sinne des Familienerhalts verhalten möge. Das bezog sich besonders stark auf den erstgeborenen Jungen. Aufgrund der Erfahrungen verband man mit dem Wort „Jugend" sowohl positive wie auch negative Inhalte. Wer die Erwartungen an das Einhalten der geltenden bürgerlichen und religiösen Werte erfüllte, war ein gut geratener Jüngling. Andere jedoch verstießen gegen die Regeln. Sie tranken zu viel Alkohol oder wurden rebellisch, besonders in unteren Schichten neigten einige zu politischen Aktivitäten im Sinne einer Auflehnung gegen bestehende soziale Verhältnisse und gesellschaftliche Regeln. Man begann, sich mit diesen Erscheinungen als Phänomen der „Jugend" auseinanderzusetzen. Der Bezugspunkt waren männliche Heranwachsende. Mädchen hatten als „Jungfrau" ein sittliches Leben zu führen, worunter man vor allem sexuelle Enthaltsamkeit vor der Ehe und die Fähigkeit zur Haushaltsführung verstand. Insofern waren sie kein Bestandteil des Begriffs „Jugend". Die Rollenvorstellungen sowie die Vorgaben von Zusammenleben und sexuellen Aktivitäten bzw. sexueller Enthaltsamkeit wurden von der christlichen Morallehre gestützt und gefördert, die als moralisches Handlungskonzept gesellschaftlich vorherrschte.

Die wirtschaftliche Situation verlangte mittlerweile größere Fähigkeiten und besseres Wissen von den Menschen, um sie zur Arbeit einzusetzen. Deshalb brauchte man eine **bessere Bildung**. Die Inhalte, die in der Schule vermittelt wurden, bekamen eine stärkere Bedeutung. Das, was Kinder von den Eltern an Wissen übernahmen, reichte nicht. Es entstand die Notwendigkeit, Jugendliche fokussiert auszubilden. Damit standen sie als Arbeitskräfte für die Familie nicht mehr zur Verfügung. In bürgerlichen Haushalten war das kein Problem. Auf dem Lande verzögerte sich diese Entwicklung wiederum, weil die Kinder und Jugendlichen lange im Familienverband verblieben und die Tätigkeiten zu verrichten hatten, die sie körperlich bewältigen konnten. Deshalb trennte man nicht zwischen den verschiedenen Entwicklungsstufen. Die Übergänge waren fließend.

Gesellschaftlich verstärkte sich das Bedürfnis nach Bildung, sie erhielt einen höheren Stellenwert. **Berufsausbildungen** fanden statt, bei denen der Jugendliche ausschließlich mit dem Erlernen der Kenntnisse und Fertigkeiten beschäftigt war. Die Ausbildungszeiten dehnten sich aus. Damit wurden die Jugendlichen immer abhängiger von ihren Familien, die die Ausbildung sowie den Lebensunterhalt finanzierten. Daraus wiederum entstand der Drang nach Freiheit und Unabhängigkeit. Mädchen wurden in die immer anspruchsvollere Ausbildung kaum einbezogen. Bildung war ihnen verwehrt oder schwer zugänglich, ebenso wie die meisten Berufe.

Um die Jahrhundertwende zum 20. Jahrhundert organisierte sich die Jugend. Sie lernte von der Tatsache, dass es zahlreiche Vereine gab, und gründete eine eigene Bewegung, den „Wandervogel". Federführend waren Schüler und Studenten. Sie organisierten Wanderungen und Aufenthalte in der Natur, als Gegenkonzept zum bürgerlichen Leben. Dass hier beide Geschlechter gemeinsam etwas unternahmen, galt als erheblicher Affront gegen die herrschende Morallehre. Die Bewegung entwickelte sich weiter, Anfang des 20. Jahrhunderts wurden sog. **Bünde** gegründet. Der Nationalsozialismus nutzte die vorhandenen Strukturen und das Bedürfnis der Jugendlichen nach eigenen Konzepten aus und etablierte die faschistische Hitlerjugend.

Nach dem Zweiten Weltkrieg hatte sich die Vorstellung, dass Menschen eine Jugendzeit durchleben, verfestigt. Der Begriff „Jugend" wurde nun als eine Lebensphase mit eigenen Gesetzmäßigkeiten verstanden. Die Annahme, dass Jugendliche gute Ausbildung und Bildung brauchen, verstärkte sich und bewahrheitete sich in der fortschreitenden wirtschaftlichen Entwicklung. Damit verlängerte sich der Verbleib im Elternhaus sowie die finanzielle Abhängigkeit der Jugendlichen von den Eltern. Diese Tendenz nahm in den weiteren Jahrzehnten noch zu. Parallel dazu verliehen die Jugendlichen ihrem Freiheitsdrang immer stärker Ausdruck und entwickelten künstlerische, politische und soziale Aktivitäten. Dieser Prozess hält bis heute an. Durch die rasche wissenschaftliche und technologische Entwicklung wurde die Jugend gleichzeitig immer mehr zum Hoffnungsträger, der Begriff „jugendlich" ist heute positiv besetzt. Es gibt unter Jugendlichen eigene Vorstellungen von Kultur, bis hin zum Sprachgebrauch und sprachlichen Neuschöpfungen. Viele fühlen sich in ihrer Jugendkultur besser verstanden als in der „Erwachsenenwelt". Durch die modernen Kommunikationsmöglichkeiten können Jugendliche sich an gesellschaftlichen Prozessen nahezu ebenso beteiligen wie Erwachsene.

Wie kann man die Jugend von der Kindheit und dem Erwachsenenalter abgrenzen? Dazu gibt es verschiedene Modelle. Folgendes gilt in Deutschland. **Juristisch** sind Menschen vom 14. bis zum 18. Lebensjahr Jugendliche. Dann sind sie volljährig, und es gelten die gleichen Rechte und Pflichten wie für Erwachsene. Doch das spezielle **Jugendstrafrecht,** das gravierende Unterschiede zum Erwachsenenstrafrecht aufweist, wird zugunsten eines Täters meistens noch angewandt, solange er noch nicht 21 Jahre alt ist. Insofern geht das Rechtssystem davon aus, dass viele Menschen auch als Volljährige noch jugendlich sind. Schutzmaßnahmen zugunsten des Jugendlichen gibt es u. a. im **Arbeitsrecht.** Urlaubs- und Arbeitszeiten sind großzügiger als bei Erwachsenen. Jugendliche haben zudem ab einem Alter von 14 Jahren volle **Religionsmündigkeit**, sodass sie über ihre Religion und deren Ausübung selbst entscheiden. Doch schon ab dem 12. Lebensjahr darf ein Kind nicht zwangsweise mit einem anderen als dem bisherigen Religionsbekenntnis erzogen werden, und bereits ab 10 Jahren muss es angehört werden, wenn das von ihm verlangt wird. Ein Kind ist, wer das 14. Lebensjahr noch nicht erreicht hat. Ein Kind ist juristisch schuldunfähig. „Taten" werden nicht bestraft, doch das Gericht darf Anordnungen erlassen.

Die Generalversammlung der Vereinten Nationen trifft die Unterscheidung von Teenagern im Alter von 13 bis 19 Jahren und jungen Erwachsenen im Alter von 20 bis 24 Jahren. Andere Studien legen soziologische Gesichtspunkte zugrunde und definieren Jugend von 12 bis 25 Jahren.

II. Einfluss von Genen und Umwelt

1. Unregelmäßigkeiten im Erbgut

Beschäftigt man sich mit der Entwicklung von Kindern, so tritt sofort die Frage auf, in welchem Umfang die Gene und in welchem Maß die Eltern und die Umwelt eine Rolle spielen. Verschiedene Theorien vertraten und vertreten verschiedene Ansichten. Dass weder der eine noch der andere Faktor allein den Prozess des Heranwachsens bestimmen, ist heute Konsens.

In den Chromosomen ist die erbliche Information in Form von Genen für jeden Menschen enthalten. Jeder hat 46 dieser Erbgutträger in seinen Zellkernen, zwei davon sind für das Geschlecht zuständig. Es kann jedoch zu Unregelmäßigkeiten kommen, die oft dazu führen, dass ein Embryo nicht überlebensfähig ist. In anderen Fällen kommen die Kinder zu Welt, sind aber beeinträchtigt. Ein bekanntes Beispiel ist die „Trisomie 21" mit einem überzähligen Chromosom, das zu diesem Down-Syndrom, wie man sie auch nennt, führt. Menschen mit dieser Disposition zeigen typische Erscheinungsformen wie ein rundliches Gesicht und schräg gestellte Augen. Sie haben eine stärkere Neigung zu physischen Beeinträchtigungen wie z. B. Herzfehlern. Mit wenigen Ausnahmen ist ihre Lernfähigkeit reduziert. Hier hat also die genetische Veranlagung eindeutig bestimmt, dass spezielle Phänomene auftreten werden. Unstrittig legen die Chromosomen auch fest, welches Geschlecht ein Kind haben wird. Auch hier kann es zu Unregelmäßigkeiten kommen, und ein

Kind kann z. B. mit männlichen wie auch weiblichen Geschlechtsmerkmalen geboren werden.

2. Einfluss von Genen

Weiterhin gibt es Erbgutinformationen in den Genen, die sich auf das Aussehen beziehen, beispielsweise die Augenfarbe. Dies ist das ganze Leben lang von der Umwelt unabhängig. Hier zeigt sich ein anderes interessantes Phänomen. Es gibt dominante Gene. Haben die Eltern nämlich je ein blaues und ein braunes Paar, so setzt sich die braune Augenfarbe durch. Das Prinzip gilt für viele weitere Erbinformationen. Die Gene bestimmen ebenfalls, ob ein Mensch einen Körpertyp wie z. B. hochgewachsen und schlank oder klein und untersetzt erhält. Doch hierbei zeigen sich auch schon Einflüsse außerhalb der Gene. Der Genuss von Alkohol und anderen schädlichen Mitteln bewirkt bereits während der Schwangerschaft, dass ein Kind kleiner oder mit weniger Gewicht zur Welt kommt. Zahlreiche weitere Einflüsse, z. B. Ernährungsfaktoren und die emotionale Einstellung zu Schwangerschaft und Geburt, wirken auf das ungeborene Kind. Das kann in positiver wie negativer Weise der Fall sein.

Solches Zusammenwirken von Genen und Umwelt gilt weiterhin in der kindlichen und jugendlichen Entwicklung. So hängt das Einsetzen der Pubertät ebenfalls von erblichen Vorgaben ab, wird aber gleichzeitig von äußeren Dingen, z. B. möglichen Krankheiten und Umgang mit dem Körper (Ernährung, schädliche Stoffe wie Drogen), beeinflusst, sodass eine Verzögerung eintreten kann.

Die Gene stellen gewissermaßen eine Palette von Möglichkeiten zur Verfügung. Ob und wie diese Möglichkeiten realisiert werden, hängt von der Umwelt ab. Sie können gefördert oder verzögert werden, manche sogar stark unterdrückt. Das gilt ebenso für Veranlagungen im Bereich von Begabungen. Dieses **Zusammenwirken von Genen und Umwelt** macht sich das ganze Leben lang bemerkbar. Kommt ein Mensch beispielsweise mit einer ausgeprägten musischen Begabung zur Welt, kann es sein, dass sein Elternhaus dieses Talent fördert oder vernachlässigt. Die Person kann es aber später in seinem Leben immer noch für sich entdecken. Allerdings werden Lernprozesse im späteren Leben schwieriger.

3. Sensible Phasen

In der Phase der größten Abhängigkeit und Hilflosigkeit befindet sich der Mensch in einem Zustand, in dem er die größten Entwicklungsschritte vollzieht. Es handelt sich um **die ersten drei Jahre seines Lebens.** Hier finden gravierende Prozesse statt. Als Erstes sind da die physischen Fähigkeiten wie Sitzen und Laufen, aber auch Sehen und Hören. Diese Kompetenzen sind im Kind angelegt, kommen aber umso besser zum Vorschein, je hilfreicher die Umgebung ist. Werden z. B. bestimmte Reize aus der Umwelt nicht gegeben, dann prägen sich Seh- und Hörfähigkeit nicht hinreichend aus und bleiben auch eingeschränkt. Denn in dieser Phase, die man auch **„kritische oder sensible" Phase** nennt, ist der Körper im Zustand der höchsten Bereitschaft, die Fähigkeiten zu entwickeln. Wenn die Phase vorbei ist, ist schon ein neuer Entwicklungsschritt eingetreten. Der Umkehrschluss ist jedoch nicht zulässig. Wenn jemand Seh- oder Hörprobleme hat, muss er nicht vernachlässigt worden sein. Die Einschränkungen können sowohl angeboren wie auch durch andere Umstände erworben worden sein.

Die nächsten Komponenten, die rapide voranschreiten, betreffen die motorischen Fähigkeiten ebenso wie die sprachlichen Kompetenzen und das Sozialverhalten. Auch die emotionale Welt des Kindes entwickelt sich mit, sie prägt sich aus und differenziert sich. Verschiedene Gefühle treten auf, werden wahrgenommen und müssen verarbeitet werden. Auch hier bringt das Kind alle Fähigkeiten mit, während die Umwelt Einfluss darauf nimmt, wie es mit den Emotionen umgeht (auf Ausnahmen, wie es z. B. möglicherweise bei Autisten der Fall ist, wird hier nicht eingegangen).

4. Kommunikation zwischen Eltern und Kindern

Die genetische Veranlagung von Fähigkeiten zeigt sich auch im intuitiv richtigen Verhalten von Eltern. So sind Säuglinge zum scharfen Sehen nur in einem bestimmten Abstand fähig. Genau den halten Mütter und Väter (bzw. betreuende Personen) intuitiv ein, wenn sie mit dem Baby in Kommunikation treten. Ebenso verändern sie ihre Stimme beim Sprechen und erzeugen Laute. Oft imitieren sie dabei die lautlichen Äußerungen und begleitenden Bewegungen des Kindes, und zwar relativ schnell. Diese prompten Reaktionen ermöglichen dem Kind, das Geschehen als Interaktion zu interpretieren. Das, was es tut, ruft eine Resonanz hervor. Dies ist eine tiefgreifende Erfahrung, die eine Basis für emotionale und soziale Entwicklung legt. Solche Handlungen und genügend Reize in der Umgebung innerhalb der ersten Lebensjahre sorgen dafür, dass das Kind die ersten Lernschritte erfolgreich vollzieht. Sie stellen grundlegende Weichen für eine weitere positive Entwicklung.

Eine angeborene Fähigkeit des Säuglings ist es also, Kommunikation zu erzeugen. Das tut er mit Schreien, Lächeln oder Lautäußerungen.

Er kann auch einem Blick ausweichen und dadurch eine **Kommunikation auf nicht-sprachlicher Ebene** beenden. Er ist jedoch darauf angewiesen, dass man auf seine Art der Kommunikation eingeht. Dazu haben die Eltern eine Intuition, die in ihren Genen liegt und auch für die weitere Entwicklung des Kindes zur Verfügung steht. Zum Beispiel werden sie es mit einem immer größeren Wortschatz konfrontieren, je mehr das Kind spricht, oder ihm größere Strecken per pedes zumuten, je besser es laufen kann. Gleichzeitig befinden sie sich ihrerseits in einem sozialen Gefüge und haben ihre eigenen Emotionen, die ihnen eine Förderung des Kindes erleichtern oder erschweren.

5. Lernvermögen

Angeborene Neugier

Kindern ist Neugierde angeboren, mit der sie die Welt ergründen wollen. Sie suchen nach immer neuen Erkenntnissen und wollen ihr Wissen ständig erweitern. Man geht heute davon aus, dass jeder Mensch ein Leben lang lernt. Doch im Kindesalter ist der Lernprozess besonderer Natur und auch besonders intensiv. Das Gehirn ist noch nicht voll entwickelt, und viele Dinge, die im Leben eines Erwachsenen als selbstverständliche Kenntnisse gelten, müssen erst erlernt werden. Es gibt Methoden des Lernens, die jeder Mensch beherrscht und die Kinder von klein auf erfolgreich anwenden, soweit sie die entsprechenden Impulse aus ihrer Umwelt erhalten.

Erkennen von Kausalität

Die Fähigkeit, Kausalität zu erkennen, bedeutet, **einem Effekt eine Ursache zuschreiben** zu können. Der Zusammenhang zwischen einer eigenen Handlung und einer Wirkung in der Außenwelt wird wahrgenommen. Wenn das Kind an dem einen Ende einer Kordel rüttelt und sich danach eine Figur bewegt, die am anderen Ende befestigt ist, dann ist die Ursache für den Bewegungseffekt der Figur das Betätigen der Kordel. Diesen Zusammenhang erfassen Säuglinge im Allgemeinen bereits im Alter von neun bis zwölf Wochen. So wird schon im frühen Lebensalter das Erlebnis der **Selbstwirksamkeit** hergestellt. Die Überzeugung, über diese Kompetenz zu verfügen, ist eine wichtige Basis für jeden Menschen, damit er handlungsfähig ist. Sie bedeutet, dass man sich subjektiv sicher ist, schwierige (auch unbekannte) Herausforderungen adäquat meistern zu können. Defizite in dieser Überzeugung führen zu Unsicherheiten bis zu Vermeidungsverhalten bei Anforderungen.

Das Erlernen von Gewöhnung

Dieses Lernen führt dazu, dass man ein immer wiederkehrendes Phänomen erkennt und es schließlich nicht mehr neu verarbeiten muss. In der Psychologie spricht man hierbei von „**Reizen**". Wer beispielsweise Krankenpfleger lernt, ist Reizen ausgesetzt, die bei anderen Menschen Angst, Ekel u. Ä. erzeugen. Da der Reiz immer wieder auftritt, verschwinden unangenehme Gefühle, der Reiz wird zur Selbstverständlichkeit im Ablauf des Alltagsgeschehens. Wer in einer lauten Umgebung wohnt, kann durch Gewöhnung erlernen, die Geräusche auszublenden, sodass sie aus der unkontrollierten Wahrnehmung verschwinden. Erst wenn man seine Aufmerksamkeit bewusst darauf richtet, nimmt man sie wieder wahr. Städtern wird häufig bewusst, dass sie in einer vergleichsweisen lauten Umgebung leben, wenn sie sich auf dem Land aufhalten. Diese Umgebung wird dann als relativ ruhig wahrgenommen, während die Landbevölkerung diese Ruhe gar nicht mehr wahrnimmt, sondern im Gegenteil die Geräusche der Stadt. Der jeweilige neue Reiz gelangt ins Zentrum der Aufmerksamkeit. Kinder lernen intensiv, neue Reize zur Gewohnheit werden zu lassen. Springt erstmals der Rasenmäher an, so mögen sie erschrecken. Sobald sie das Geräusch kennen, können sie es zuordnen, und es erfolgt keine Reaktion mehr. Diese Form des Lernens ermöglicht es Menschen von klein auf, eine Reizüberflutung zu vermeiden. Das Kind wendet sich neuen Reizen zu, die es kennenzulernen und zu bewältigen gilt.

Lernen durch Bildung von Assoziationen

Bei der Assoziation werden zwei Reize miteinander verknüpft, die zeitlich zusammenfallen oder fast zusammenfallen. Dem liegt auch die Konditionierung zugrunde. Klassische Beispiele finden sich im Training von Tieren. Der Pawlowsche Hund erlangte Berühmtheit, weil er darauf trainiert wurde, beim Klang einer Glocke Futter zu bekommen, und daraufhin schon beim Klang Speichelfluss produzierte, ohne dass das Futter schon da war. Assoziationen funktionieren beim Lernen gut, in jedem Alter. Das Kind stellt negative oder positive Zusammenhänge her. Bekommt es eine schmerzhafte Behandlung bei einem Menschen in einem weißen Kittel, dann lernt es, dass beim Anblick eines weißen Kittels Schmerz droht. Es kann aber genauso gut lernen, dass beim Anblick eines roten Löffels etwas Leckeres auf dem Tisch steht. Assoziationen erzeugen Wissen aufgrund von Zusammenhängen. Es gibt Lerntechniken, die darauf basieren, beispielsweise sich beim Vokabellernen eine Geschichte ausdenken, in der die neuen Begriffe vorkommen. Säuglinge reagieren bereits darauf, wenn ein bestimmter Reiz einem anderen unmittelbar folgt. Psychologische Theorien gehen davon aus, dass Kinder Orientierung in Ordnungssystemen finden und deshalb nach Regelmäßigkeiten in ihrer Umwelt suchen.

Lernen durch Nachahmung

Von klein auf lernen Kinder durch Nachahmung – eine Lernform, die bis in alle Bildungsbereiche hinein existiert und auch im Alltag von Erwachsenen häufig vorkommt. Schon Säuglinge imitieren ihre Bezugspersonen, z. B. das Lächeln. Bei Kindern spielt das Imitieren im Laufe ihrer Entwicklung eine große Rolle, weil sie nicht nur reines Wissen dazulernen. Sie erweitern auch ihre Handlungskompetenzen. Sie erleben, wie man sich in bestimmten Situationen verhält, und integrieren dadurch, dass sie es nachahmen, bestimmte Muster in ihr eigenes Verhalten. Mit den Situationen werden auch Emotionen verknüpft. So entwickelt sich die Erlebniswelt des Kindes. Es lernt Schritt für Schritt, seine Umgebung einzuschätzen und sich adäquat an die Umgebung anzupassen.

6. Unterschiede in der kindlichen Entwicklung

Unterschiedliche Schnelligkeit in der Entwicklung

Allgemein kann man sagen, dass der Entwicklungsverlauf eines Kindes sich aus der Kombination seiner Gene und seiner sozialen Umwelt zusammensetzt. Kommunikation und Interaktion mit Bezugspersonen sind vor allem in den ersten drei Lebensjahren elementar. In dieser Zeit findet das Erlernen des Gehens (im Sinn des aufrechten Gangs) und der Sprache statt sowie der Aufbau emotionaler Bindungen. Doch auch wenn die notwendige Zuwendung gewährleistet ist, gibt es Unterschiede. Das eine Kind lernt früher sprechen, das andere später. Manches Kind macht seine ersten Gehversuche noch vor dem 10. Lebensmonat, ein anderes erst mit eineinhalb Jahren. Diese Unterschiede machen im Laufe des weiteren Lebens in der Regel nichts aus. Die Entwicklungsschritte sind nur zu verschiedenen Zeitpunkten abgeschlossen, aber nicht verhindert. Kinder richten ihren Lernprozess auch nicht immer nach Lehrbüchern. Es gibt Darstellungen, wie Kinder rein motorisch vorgehen, um letztendlich zu laufen. In der Realität wählten viele Kinder jedoch andere Abläufe, wie Forschungsergebnisse zeigen. Letztlich konnten alle laufen.

Unterschiede unter kulturellen und ökonomischen Aspekten

Man kann Unterschiede in der kindlichen Entwicklung feststellen, die sich auf kulturelle und ökonomische Verhältnisse beziehen.

Für die typische Mittelschicht in der westlichen Welt gilt, dass Kinder in hohem Maße als Individuen wahrgenommen und nach ihren Bedürfnissen und Wunschvorstellungen gefragt werden. Als hoher Wert gilt Eigenständigkeit und Selbstverwirklichung. Deshalb wird die Fähigkeit zur Selbstwirksamkeit in der Erziehung früh betont. Das Kind soll sich möglichst frei entfalten können. Daraus resultiert, dass es oft auf Decken platziert und mit Spielzeug unterhalten wird. In Abständen wird es dort auch allein gelassen. Das wirkt sich auf die motorische Entwicklung aus. Nur wenige Kinder dieser Familien waren im Alter von einem halben Jahr dazu in der Lage, eine halbe Minute ohne Unterstützung zu sitzen. Allerdings konnte sich über die Hälfte selbstständig vom Rücken auf den Bauch drehen. Während des zweiten Lebensjahres beginnen die Kinder, sich selbst als ein eigenständiges Individuum wahrzunehmen. Sie erleben sich als getrennt von den Bezugspersonen und kommen keineswegs allen Aufforderungen der Erwachsenen nach.

Wie sieht es nun mit bäuerlich ausgerichteten Großfamilien aus (Basis für entsprechende Untersuchungen waren zentralafrikanische Familien)? Hier steht nicht die Individualität des Kindes im Fokus, sondern die Fähigkeit zur Eingliederung in eine soziale Einheit mit mehreren Mitgliedern. Das Kind soll lernen, sich primär als Bestandteil einer Familie wahrzunehmen, in der es Pflichten hat. Beispielsweise ist die Mithilfe im Haushalt und das Hüten jüngerer

Geschwister üblich. Entsprechend wird die frühkindliche Entwicklung von intensivem Körperkontakt begleitet. Das Kind wird oft getragen, aber wenig auf den Boden gelegt. Daraus ergibt sich für die motorische Entwicklung, dass fast alle Kinder im Alter von einem halben Jahre ohne Unterstützung sitzen, aber nur wenige sich vom Rücken auf den Bauch drehen können. Im Laufe des zweiten Lebensjahres kommen die Kinder weit mehr den Aufforderungen ihrer Bezugspersonen nach als in der westlichen Welt.

III. Entwicklung des Gehirns

1. Entwicklung des Körpers

Das Gehirn spielt in der Entwicklung des Menschen eine vorherrschende Rolle. Die physische Entwicklung des Kindes beginnt mit dem Wachstum des Kopfes, des Brustkorbs und des Rumpfs. Diese Teile sind verhältnismäßig groß gegenüber Armen und Beinen, was den Kindern ein besonders niedliches und schützenswertes Aussehen verleiht. Damit verbunden ist auch die motorische Entwicklung.

Im Alter von 3 bis 5 Jahren lernt ein Kind, Treppen wie ein Erwachsener zu bewältigen und nicht mehr den zweiten Fuß auf dieselbe Stufe zu setzen wie den ersten. Im weiteren Verlauf werden Hüpfen und Springen entwickelt, dazu kommen Werfen und Fangen von Bällen.

Zwischen 7 und 12 Jahren werden die Bewegungen fließender. Bälle werden punktgenauer gefangen und geworfen, Arme und Beine werden besser koordiniert. In der Pubertät kehrt das Wachstumsverhältnis sich um. Nun wachsen die Arme und Beine schneller als der Rest des Körpers, was zuweilen zu einem ungleichmäßigen physischen Erscheinungs- und Bewegungsbild führt, das sich aber mit der Zeit ausgleicht.

Die Pubertät gilt in biologischer Hinsicht als abgeschlossen, wenn sich bestimmte Merkmale einstellen. Das ist bei Mädchen die erste Menstruation und bei Jungen die vollständige Entwicklung der Hoden und der Prostata sowie die Fähigkeit, Samen zu ejakulieren.

Mädchen kommen ein bis zwei Jahre früher in die Pubertät als Jungen. Doch was ist mit dem Gehirn?

2. Entwicklung des Gehirns

Das Gehirn spielt eine fundamentale Rolle. Es ist das komplizierteste Organ, das man bei Lebewesen kennt. Grundsätzlich verfügt es über die Fähigkeit, sich zu entwickeln und Veränderungen hervorzubringen. Das bezeichnet man als Plastizität. Die Nervenzellen können sich verändern. Ebenso die Synapsen, die als Verknüpfungsstationen dienen und den Austausch von Informationen zwischen Zellen vornehmen. Das Gehirn reagiert auf Reize und Veränderungen in der Umwelt, und zwar durch Anpassung an diese Umstände. Ein Neugeborenes verfügt über einen erheblichen Teil der Gehirnzellen, doch die sind größtenteils vereinzelt. Die Verknüpfung muss noch erfolgen. Erst dadurch wird das Kind lernfähig. Auch daraus ergibt sich, dass das Kind in seinen ersten Lebensjahren auf Reize von außen angewiesen ist, damit das Gehirn die Synapsen ausbildet und sich mit den gegebenen Bedingungen auseinandersetzt. Interessanterweise bildet das Gehirn probeweise Verbindungen zwischen Nervenzellen aus. Wenn sie bis zum Alter von zwei Jahren nicht gebraucht werden, werden sie wieder gelöst.

Der Preis für die Plastizität ist die lange Zeit der Abhängigkeit des Kindes von der Versorgung durch seine Bezugspersonen. Ohne die Plastizität könnte das Kind wiederum nicht überleben, weil die Anpassungsfähigkeit an die Umgebung fehlen würde. Die Leistung des Gehirns gewährleistet, dass ein Kind sich in jeder Umgebung entwickeln kann, ob in einer westlichen Stadtfamilie oder einer afrikanischen Großfamilie. Man hat festgestellt, dass die Plastizität sich im Laufe der Evolution verstärkt hat, was auf ihre große Effektivität schließen lässt. Das Gehirn ist frühestens mit 20 Jahren völlig ausgebildet, was den „Präfrontalen Kortex" betrifft, der an der Stirnseite liegt. Er ist für das zusammenhängende Denken verantwortlich, aber auch dafür, dass Gefühle verarbeitet werden. Daraus resultiert die Möglichkeit, Handlungen zu kontrollieren. So entstehen vernünftige und adäquate Handlungen in einfachen wie schwierigen Situationen. Es dauert also relativ lange, bis das Gehirn die Kompetenz für eine ausgeprägte Handlungskompetenz vollständig zur Verfügung stellt. Es ist ein Teil des Körpers, der sich vergrößert, wenn er gebraucht wird, und sich nicht entwickeln kann, wenn er nicht gefordert wird. Dabei kann das Gehirn im frühen Stadium Wichtiges von Unwichtigem trennen. Es bringt also alle Voraussetzungen mit, die Umwelt im Sinne einer vernünftigen, angemessenen menschlichen Entwicklung zu interpretieren. Babys bemühen sich deshalb nicht, die Sprache der Haustiere zu erlernen und zu zwitschern oder zu bellen. Sie legen auch keinen Wert darauf, maschinelle Geräusche wie die des Staubsaugers nachzuahmen. Sie lernen vielmehr die menschliche Sprache.

Das Gehirn unterliegt den sensiblen bzw. kritischen Phasen. In bestimmten Zeiten der kindlichen Entwicklung ist es besonders empfänglich für bestimmte Fähigkeiten. Die Entwicklung der Sprache ist schon früh angelegt. Die Sprache, die man dann als Erstes erlernt, fällt dem Erwachsenen am leichtesten. Das Kind kann aber in der sensiblen Sprachlern-Phase mehrere Sprachen erlernen, weil nur eine Region im Gehirn zuständig ist, die das mühelos ermöglicht. Erwachsene müssen beim Erwerb weiterer Sprachen mehrere Regionen des Gehirns bemühen. Das fällt viel schwerer und dauert länger.

Oft hört man die Ansicht, das Abspielen klassischer Musik würde sich positiv auf die Entwicklung des kindlichen Gehirns auswirken. Dafür gibt es keinerlei wissenschaftliche Belege. Es ist im Gegenteil eher anzunehmen, dass eine aktive Handlung wie das Spielen eines Instruments das kindliche Gehirn fördert, nicht das passive Hinnehmen von noch so schöner Musik.

3. Leistungsfähigkeit des Gehirns

Was soll ein Gehirn beim Erwachsenen eigentlich leisten? Es soll zunächst dafür sorgen, dass man über viele Reize nicht mehr nachdenkt und automatisch handelt, vom Essen bis zum Treppenlaufen. Aber es hat eine weitere, viel gravierende Aufgabe. Es soll analysieren und Entscheidungen treffen. Es soll Hindernisse erkennen und überwinden. Das führt zu der Frage: Wie löst man Probleme? In manchen Situationen führt Kreativität zum Erfolg. Oft ist aber gut, über Kenntnisse zu verfügen, die zur Lösung beitragen. Bevor eine Lösung gefunden ist, durchläuft man verschiedene Stadien, die nicht zwangsläufig chronologisch aufeinanderfolgen. Das Gehirn ist in der Lage, die Ergebnisse auch in anderer Reihenfolge zu verarbeiten.

Stadium 1

Das erste Stadium ist das Identifizieren des Problems. Auch wenn das selbstverständlich erscheint, ist es das keineswegs immer. Man kann einen Sachverhalt fälschlicherweise als Problem ansehen, bevor man das wirkliche Problem in einem anderen Sachverhalt erkennt.

Stadium 2

Im zweiten Stadium definiert man das Problem so genau wie möglich.

Stadium 4

Im vierten Stadium kümmert man sich um die Informationen, die man benötigt, um das

Stadium 3

Im dritten Stadium entwickelt man eine Strategie für die Problemlösung. Wie man sich der Lösung nähert, hängt von den Bedürfnissen der beteiligten Person und den näheren Umständen ab

Problem zu lösen. Was weiß man noch nicht? Wie kann man die Information beschaffen?

Stadium 5

Im fünften Stadium macht man sich klar, welche Priorität das Problem hat. Müssen andere Probleme vorher gelöst werden? Kann das Problem überhaupt erst zu einem anderen Zeitpunkt gelöst werden? Ist es zwar nicht so wichtig wie andere, aber dringlicher, weil bestimmte Dinge nur eine Zeit lang gelten oder zur Verfügung stehen?

Stadium 6

Im sechsten Stadium überprüft man die Ressourcen, die zur Verfügung stehen. Die können finanzieller, aber auch menschlicher Natur sein. Verursacht die Problemlösung Kosten? In welchem Rahmen sind diese tragbar? Wen kann man um Hilfe bitten?

Stadium 7

Handelt es sich um Probleme, die man längerfristig löst, ist es sinnvoll, die einzelnen Handlungsschritte zu dokumentieren und die Ergebnisse jeweils zu bewerten. Das ist einerseits gut, um Bestätigung für die Strategie zu erhalten und motiviert weiterzumachen, und ermöglicht andererseits, eine Änderung vorzunehmen, wenn nötig. Das tut man in diesem vorletzten Stadium. Diesen Schritt unternimmt jedoch bei Weitem nicht jeder.

Stadium 8

Profis nehmen eine Analyse von Fehlern und Erfolgen des Gesamtprozesses vor. Man analysiert und bewertet in diesem höchsten Stadium, um so viel wie möglich daraus zu lernen und für vergleichbare Situationen in der Zukunft gerüstet zu sein. Wer bis zu diesem Stadium durchhält, kann sein Verhalten und Handeln bewusster steuern und optimieren.

Diese geballte Kompetenz, zumindest bis Stadium sechs, leistet jeder Mensch mithilfe seines Gehirns. Dazu kommen natürlich noch seine gesamten physischen, psychischen, mentalen und sozialen Fähigkeiten. Sieht man sich einen Säugling an, kann man kaum glauben, dass so etwas möglich sein soll. Wie ein Kind sich phasenweise dahin entwickelt, als Erwachsener Probleme zu lösen, um in seiner Umwelt leben zu können, versuchen verschiedene Theorien zu erklären.

IV. Allgemeine Entwicklung von Kindern aus heutiger Sicht

Viele Beobachtungen bei der Entwicklung von Kindern kann man machen, ohne wissenschaftliche Erkenntnisse zugrunde zu legen. Schon **Säuglinge** sind nicht die passiven Wesen, als die man sie im 19. Jahrhundert noch vorwiegend angesehen hat. Sie besitzen im Gegenteil erstaunliche Fähigkeiten. Im Heranwachsen lässt die Neugier, die Umgebung zu erkunden, nicht nach. Kinder wollen ständig dazulernen.

Bereits **in den ersten drei Monaten** ihres jungen Lebens lernen die Babys, innerhalb einer gewissen Distanz klare Konturen zu erkennen, und sie erkennen alle Farben. Sie richten ihren Blick gezielt auf ihre Bezugspersonen und folgen mit den Augen Dingen, die sich bewegen. Auch können sie mit ihren Blicken ausdrücken, dass sie eine Sache haben möchten, z. B. eine Rassel. Sogar Geschmacksrichtungen können sie unterscheiden, sie wissen, was süß, salzig, bitter und sauer schmeckt. Auf ihre Umgebung reagieren sie mit unterschiedlichen Gesichtsausdrücken.

In den Folgemonaten, **bis ca. einem halben Jahr,** erkennen Babys bekannte Gesichter wieder, reagieren aber auch auf andere Personen, indem sie ihre Miene verändern. Der Gesichtsausdruck von anderen Menschen wird jetzt imitiert. Man kann Reaktionen auf bekannte Geräusche beobachten.

Im Alter **von einem halben bis zu einem dreiviertel Jahr** entwickeln Kinder die Fähigkeit, ein lebendes Wesen von einem toten

Objekt zu unterscheiden. Das Kuscheltier ist jetzt etwas elementar anderes als ein Hund oder eine Katze. Sie erkennen, dass sich auf Bildern unterschiedlich viele Dinge befinden. Außerdem können sie besser abschätzen, wie weit etwas weg ist, weil sie eine Vorstellung davon bekommen, dass etwas kleiner erscheint, wenn es weiter weg ist. Wenn etwas plötzlich verschwindet, z. B. ein Luftballon, der platzt, beobachten sie die Szenerie und den Ort des Geschehens länger als vorher.

In der weiteren Zeit **bis zu einem Jahr** sind Kinder normalerweise in der Lage, ihre Umgebung gründlicher zu erkunden, weil sie nun krabbeln können und anfangen zu laufen. Sie wissen, dass Dinge, die sie nicht sehen, trotzdem existieren, wie ein bestimmtes Spielzeug, ihre Kuscheltiere oder Nahrungsmittel. Sie beginnen, mit Dingen zu experimentieren. Türme werden gebaut, Klötze ineinandergesteckt oder auseinandergenommen. Jetzt beginnen sie sich für die ersten visuellen Darstellungen zu interessieren und mögen Bilderbücher. Auf Ansprache oder äußere Reize reagieren sie neben Gesichtsausdrücken mit Lauten und Gesten bzw. Bewegungen. Gesten von anderen Menschen werden nachgeahmt, ebenso die eine oder andere einfache Handlung.

In der Zeit **zwischen dem ersten und zweiten Lebensjahr** lieben die Kinder es, ihre Bezugspersonen zu beobachten. Was sie anspricht und was sie bewältigen können, wird imitiert, und zwar unabhängig von den Werten, die die Erwachsenen den Handlungen zusprechen. Für die Erziehenden heißt es jetzt also, aufpassen, was sie den Kleinen zeigen. Auch die Sprache wird nachgeahmt. Die Kinder verstehen viele Wörter und antworten darauf. Sie können zwischen ihrer eigenen Person und anderen Menschen unterscheiden, haben also eine Vorstellung davon, dass sie ein einzelner Mensch sind. Legt man ihnen Bilder vor, können sie unbekannte Personen und Dinge von bekannten unterscheiden. Ebenso können sie Dinge vergleichen und ähnliche erkennen, beispielsweise wissen sie, dass ein neuer Becher ebenfalls ein Becher ist, wenn er einem bekannten ähnelt. Haben sie vorher mit einer kleineren grünen Schaufel geschippt, so verwenden sie eine etwas größere rote zum gleichen Zweck. Gleichzeitig lernen sie weiterhin eine Menge, indem sie Dinge untersuchen.

Zwischen dem zweiten und dem dritten Lebensjahr werden Kinder sehr neugierig. Da sie sich nun gut bewegen können, erkunden sie ihre Umwelt intensiv, wodurch sie eine Menge lernen. Sie können nun Größen erfassen und beispielsweise Kästen von groß nach klein aufbauen. Sie können einzelne Erscheinungen einer Kategorie zuordnen, beispielsweise einen Hund als Tier identifizieren und eine Rose als Blume. Schauen sie in einen Spiegel, so erkennen sie sich selbst und nennen ihren Namen. Zeigt man ihnen Bilder in einem Bilderbuch, so können sie einzelne Teile benennen, z. B. Baum. Bei bekannten Objekten ordnen sie den Zweck zu, beispielsweise einen Löffel dem Essen oder eine Schaufel dem Graben im Sand. Die Nachahmungen der Handlungen von Erwachsenen nehmen zu, auch kompliziertere Handlungen werden imitiert, z. B. die Herstellung von Teig. Die Kinder reagieren auf überschaubare Anweisungen der Bezugspersonen, wie „Geh zur Tür" oder „Wo ist der Hund?".

Im Alter von drei bis vier Jahren können Kinder ihre Umwelt noch besser erfassen und kompliziertere Zusammenhänge verstehen. Sie beobachten intensiv und sind in der Lage, sich mehrere Minuten bis zu einer Viertelstunde auf eine Sache zu konzentrieren. Sie lernen schon dadurch, dass sie Aktivitäten zuschauen. Die Fähigkeit, Zuordnungen zu Kategorien zu treffen, prägt sich aus. Farbliche Unterscheidungen werden wahrgenommen und Lösungen gefunden, die auf farblichen Zuordnungen beruhen. Sie bekommen ein Gefühl für die Zeit und können unterscheiden, ob etwas in der Vergangenheit passiert ist oder in der Gegenwart stattfindet, deshalb können sie Ereignisse aus der Vergangenheit ins Bewusstsein holen. Sie beginnen, Fragen zu stellen, um möglichst viele Informationen über ihre Umwelt zu erhalten, die es zu ergründen gilt. Besonders beliebt wird in diesem Alter die Frage „Warum?".

Im Alter von vier bis fünf Jahren erweitert sich der Wortschatz und die Satzbildung festigt sich. Das, was die Bezugspersonen tun, wird weiterhin imitiert. Der Umgang mit Zahlen wird sicherer. Im Allgemeinen können sie bis vier oder fünf zählen. Viele Farbe erkennen sie nicht nur, sondern können auch das Wort korrekt zuordnen, also die Schaufel zu „rot" oder das Auto zu „weiß". Sie können Bilder malen und das Gemalte kommentieren. Der Umriss von Menschen wird auf Bildern erfasst, Zuordnungen zu konkreten Personen werden getroffen, z. B. „Das ist Mama".

Bezugspersonen, in der Regel die Eltern, können die Entwicklung des Kindes von Anfang an unterstützen. Dem Blick eines Babys folgend, können sie erkennen, was es gern hätte. Später können sie das Kind ermutigen, die Umwelt zu erkunden, und die vielen Fragen beantworten. Die Beteiligung an Prozessen fördert das Lernen, z. B. beim Kuchenbacken. Um Denkprozesse anzuregen, können die Eltern anfangen, „Was wäre, wenn"-Fragen zu stellen. Was passiert, wenn der Kuchen in den Ofen geschoben wird? Oder was würde passieren, wenn wir die Wurst ins Hundekörbchen legen würden?

Nach all den aufregenden Erfahrungen, dem körperlichen Wachstum und zahlreichen Zugewinnen an Wissen über die Welt ist das Kind **im Alter zwischen dem fünften und siebten Lebensjahr** reif für die Schule geworden. Es hat genügend Kenntnisse der Sprache und der Zahlen und bewältigt den Weg zur Schule. Jetzt liegt der

Wissenszuwachs nicht mehr nur in der Hand der Erziehungsberechtigten, sondern auch in der Hand der Lehrenden.

Doch obwohl die Zeit zwischen Geburt und Schulbeginn einen enormen Wissenszuwachs beinhaltet und mit einer guten Portion Selbstständigkeit endet, geht es mit der Entwicklung des Kindes noch lange weiter, bevor ein Erwachsener aus ihm wird. Nicht zuletzt muss die Jugendzeit noch durchlaufen werden.

V. Geschäftsfähigkeit

Jugendliche können vieles, was Kinder noch nicht konnten. Doch sie unterliegen in ihrer Entwicklung einem speziellen Prozess, der sie als noch nicht erwachsen kennzeichnet. Sie sind deshalb noch nicht in dem Maße für ihre Handlungen verantwortlich, wie es Erwachsene sind. Dem trägt das geltende Recht Rechnung. Bevor die Volljährigkeit und damit die Übernahme der Verantwortlichkeit für die eigenen Handlungen eintritt, unterscheidet das Bürgerliche Gesetzbuch Phasen.

Kinder, die das 7. Lebensjahr noch nicht vollendet haben, gelten als geschäftsunfähig. Das bedeutet, dass sie die rechtlich erforderliche Willenserklärung, ein Geschäft abschießen zu wollen, nicht abgeben können. Wenn sie das tun wollen, indem sie in einem Geschäft auf einen Beutel Bonbons zeigen, ist das rechtlich ungültig. Allerdings dürfen sie als Bote des rechtlichen Vertreters (Eltern, Vormund) tätig werden. Sie überbringen dann deren Willenserklärung. Ein Kind darf also nichts im eigenen Namen selbsttätig einkaufen. Weiß die Bäckerei aber beispielsweise, dass das Kind Brötchen holen geschickt wird und setzt berechtigterweise das Einverständnis der Eltern voraus, dann muss sie nicht jedes Mal eine schriftliche Erklärung verlangen. Vergleichbare Situationen entstehen, wenn z. B. ein Kind etwas aus einem Zoo-Kiosk holt und bezahlt, während die erwachsene Bezugsperson offensichtlich erkennbar ist.

Nach deutschem Recht geht es dann in einem großen Schritt weiter. Kinder und Jugendliche im Alter von 7 bis 17 Jahren sind beschränkt geschäftsfähig. Sie dürfen nichts selbstständig ohne

Einwilligung der rechtlichen Vertreter erwerben. In der Realität kaufen sie eine Menge. Solange das in Übereinstimmung geschieht, ist das kein Problem. Der Bäcker wird also beispielsweise weder Getränk noch Brötchen verwehren, und in den meisten Fällen wird das Kind und vor allem der Jugendliche einkaufen können. Mit steigenden Beträgen, die den Besitzer wechseln, gewinnt das Gesetz jedoch an Bedeutung. Zwar muss der Geschäftspartner keine schriftliche Einwilligung verlangen, doch rechtlich sind die Geschäfte „schwebend unwirksam". Das heißt, die Eltern können im Nachhinein bestimmen, ob das Geschäft gültig war oder nicht. So kann ein teures Fahrrad schon mal ins Geschäft des Verkäufers zurückwandern. Dass ein Verkäufer eine Einverständniserklärung verlangt, sobald die Beträge höher werden, ist also angemessen, so geht er für sich selbst auf Nummer sicher.

Doch die minderjährigen Menschen bleiben nicht ganz ohne Rechte, wenn es um ihre Bedürfnisse nach Konsumgütern geht. Dafür gibt es den „Taschengeldparagraphen". Denn von dem Taschengeld, das sie erhalten, dürfen sie sich das kaufen, wofür es bestimmt ist, worunter Süßigkeiten, Zeitschriften, Spielsachen und vergleichbare Artikel fallen. Auf keinen Fall fallen Alkohol, Zigaretten und Waffen darunter. Auch für teure Gegenstände wie PCs oder Zelte bedarf es der Erlaubnis durch die Eltern, ebenso wie für den Abschluss von Verträgen, z. B. Abonnements oder Handy-Verträge. Zudem gehört die Aufnahme von Krediten dazu. Was ein rechtlicher Vertreter wiederum nicht verweigern darf, sind Willenserklärungen, die dem Kind einen Vorteil verschaffen, beispielsweise eine Schenkung. Auch wenn man mit einem ungeliebten Familienmitglied im Zwist liegt, darf das Kind eine Zuwendung erhalten. Mit Vollendung des 18. Lebensjahres ist dann die vollständige Geschäftsfähigkeit gegeben, weil Volljährigkeit vorliegt.

VI. Bedeutung der Entwicklungspsychologie

Die Entwicklungspsychologie trägt entscheidend dazu bei, dass Erwachsene die gravierenden Prozesse, die in der Kindheit und Jugend stattfinden, zu würdigen wissen. Im 20. Jahrhundert begann man, einen **wissenschaftlichen Blick auf die Entwicklung der Kinder** zu werfen. Zunächst beschäftigte man sich mit denen, die mit ihrem Verhalten auffielen, weil sie sich nicht anpassten. Doch dann kristallisierten sich Theorien heraus, die auf grundlegenden Erkenntnissen über die Entwicklung von Kindern beruhten. Auf die umfangreichsten und bedeutendsten bezieht man sich heute noch, sowohl in der Psychologie, Pädagogik und angrenzenden Wissenschaftsgebieten wie auch in therapeutischen und beratenden Prozessen. In die pädagogische Praxis sind viele Erkenntnisse übergegangen.

Es gibt Theorien, die **die Entwicklung des Kindes systematisieren und in Phasen erfassen.** Sie entstanden Ende des 19. und im 20. Jahrhundert, als sich das Interesse daran herauskristallisiert hatte, wie Kinder sich entwickeln und letztlich zu verantwortungsvoll handelnden Erwachsenen werden. Zu den wichtigsten gehören die Entwicklungspsychologien von Piaget, Freud und Erikson sowie Bowlby und Ainsworth.

Piaget widmete sich der kognitiven Entwicklung, die grundlegend aufzeigt, dass Kinder keine kleinen Erwachsenen sind, sondern in einer eigenen Welt leben. Er zog daraus Schlussfolgerungen für Anforderungen an schulische Konzepte, die bis heute nachwirken.

Freud entwarf eine Theorie zur psychosozialen Entwicklung und bezog sich dabei auf das Individuum, allerdings ohne seine soziale Umwelt zu berücksichtigen. Freud leistete Pionierarbeit im Hinblick auf den Einfluss der Psyche auf die Entwicklung eines Kindes und machte revolutionäre Aussagen zur Sexualität. Viele Ansätze der Therapie von Kindern gehen auf ihn zurück.

Erikson entwickelte ein Stufenmodell der psychosozialen Entwicklung und verband dabei grundlegende Erkenntnisse Freuds mit sozialen Komponenten. Er bezog die Umwelt als maßgeblichen Faktor mit ein.

Erkenntnisse über den Einfluss von unmittelbaren Umweltfaktoren auf die kindliche Entwicklung ist dem Forscher-Duo **Bowlby und Ainsworth** zu verdanken. Ihre Theorie eröffnet grundlegende Erkenntnisse über den hohen Stellenwert der mütterlichen Zuwendung (bzw. Zuwendung der Bezugsperson) in frühester Kindheit. Dieses Wissen ging vor allem in die pädagogische Arbeit von Kinderkrippen und Vorschuleinrichtungen ein.

Alle vier Theorien bilden Grundpfeiler der Entwicklungspsychologie, die zwar weiterentwickelt wurden, aber einen theoretischen Komplex von grundlegender Bedeutung darstellen.

VII. Jan Piaget (1896 – 1980)

1. Jean Piaget:
Leben und Entwicklung der Lehre

Piaget widmete sich der Forschung an der Entwicklung kognitiver Fähigkeiten. Darunter versteht man mehrere Fähigkeiten, zunächst die Wahrnehmung und die Kompetenz, die Aufmerksamkeit auf etwas zu richten, weiterhin aber auch die Fähigkeit, etwas zu lernen und sich an etwas zu erinnern. Schließlich kommen noch die Möglichkeit, sich etwas vorstellen zu können, und die Kreativität hinzu. Kognitive Kompetenzen beinhalten bewusste ebenso wie unbewusste Prozesse. Bewegungen beispielsweise laufen meistens automatisch ab, aber viele Handlungen entspringen einer konkreten Überlegung. Menschen können also sowohl unreflektiert handeln wie auch kontrolliert, nämlich nach Auswahl einer Möglichkeit unter mehreren. Wenn man sich bei jedem Schritt überlegen müsste, wie das Gehen funktioniert, wäre das unökonomisch. Man tut es unreflektiert und automatisch. Wenn man sich andererseits bei einer Problemlösung in einer unübersichtlichen Situation unreflektiert verhalten würde, käme man kaum auf ein gutes Ergebnis. Ein Kind muss beides erlernen.

Jean William Fritz Piaget wurde in Neuchâtel in der Schweiz geboren. Er war Psychologe und Biologe.

Jean Piaget ist das erste Kind von Arthur Piaget, einem Professor für mittelalterliche Literatur an der Neuchâteler Universität, und Rebecca Jackson. Die Mutter ist eine gläubige Protestantin, die als aktive und geistig rege Frau gilt. Piaget sagt später von ihr, dass er sie als leicht neurotisch erlebt hätte, aber keineswegs im behandlungsbedürftigen Sinne. Er hätte jedoch sein Interesse an der Psychologie auch aufgrund der mütterlichen Verhaltensweisen entwickelt. Sinngemäß führt er aus, dass er die Entfernung von der Realität immer verabscheut hätte und diese Einstellung auf die eingeschränkte mentale Gesundheit seiner Mutter zurückführen würde.

Piaget entpuppt sich als ausgesprochen neugieriges Kind mit einem Hang zu den Erscheinungen der Natur und Interesse für Biologie. Besonders die Phänomene des Meeres will er verstehen. Das zeigt sich u. a. an seinem großen Interesse für Muscheln, von denen er sich eine ganze Sammlung zulegt. **Im Alter von 11 Jahren** verfasst er einen Aufsatz über ein Albino-Exemplar aus der Familie der Sperlinge, das er intensiv beobachtet hatte. Ein paar Jahre später folgt eine Abhandlung über Weichtiere, die es ihm besonders angetan hatten. Weitere Artikel, die in mehreren europäischen Universitäten positiv aufgenommen werden, veröffentlicht er in jungen Jahren. Studenten, die ihn nicht kennen, halten ihn für einen Wissenschaftler. Doch er ist noch Student der Biologie, und zwar an der Universität Neuenburg.

Beim Museum der Naturgeschichte in seiner Heimatstadt erhält er einen Teilzeit-Job. Vorübergehend gerät er in eine Krise. Im religiösen Kontext erzogen, beginnt er nun an der christlichen Lehre zu zweifeln. Mütterlicherseits erhält er Zuspruch mit dem Rat, sich weiterhin mit der Religion zu beschäftigen und sich mit anderen Menschen darüber auseinanderzusetzen. Das erfüllt ihn jedoch nicht. Er interessiert sich mehr für Biologie, Philosophie und Psychologie. Das **Studium der Biologie beendet er 1918 mit einer Promotion,** in der er sich mit der Verteilung von Mollusken (Weichtieren) im Kanton Wallis auseinandersetzt. Doch der Doktortitel in diesem einen Gebiet reicht ihm nicht. Er beginnt **ein zweites Studium im**

Fach Psychologie mit dem Fokus auf Pädagogischer Psychologie und Kinderpsychologie. Aber vorher muss er sich erholen. Er hatte sich so kräftezehrend dem Studium und dem Verfassen von Beiträgen gewidmet, dass er sich für mehrere Monate in eine entspannende Bergwelt zurückzieht, um sich gesundheitlich zu stabilisieren.

Nach weiteren Studien zur Intelligenzentwicklung und Veröffentlichungen zu psychologischen Themen forscht und lehrt Piaget ab 1921 an der Universität Genf mit dem Schwerpunkt der Entwicklung des logischen Denkens bei Kindern in den Grundschuljahren. Zu diesem Thema veröffentlicht er das erste von fünf Büchern auf dem Gebiet der Kinderpsychologie und erntet, zu seiner Überraschung, eine erhebliche Resonanz und Anerkennung.

Piaget interessiert sich für die Theorie des Psychologen und Psychoanalytikers Sigmund Freud. Er kommt mit der Ärztin und Psychoanalytikerin Sabina Spielrein in Kontakt, die ebenfalls an der Universität lehrt. Er macht selbst eine Lehr-Psychoanalyse bei ihr. Beobachter berichten, dass er jeden Morgen um 8 Uhr seine Sitzung bei ihr hatte und von draußen eine Menge Gelächter zu hören war. Ein Bericht geht davon aus, dass Piaget erkannt hätte, wie sehr er die Beziehung zu seiner Mutter auf die Analytikerin übertragen würde und deshalb eines Tages aus ihrer Tür heraustrat mit den Worten „Ich habe es verstanden". Spielrein beendete die Psychoanalyse nach eigener Angabe nach acht Monaten, weil Piaget die Methode zunehmend kritisierte. Piaget selbst äußerte sich widersprüchlich. Einerseits sagte er, er hätte diese Therapie abgebrochen, andererseits bemerkte er an anderen Stellen, sie wäre erfolgreich beendet worden.

Zu wiederum anderen Gelegenheiten sagte er, es wäre gar keine Analyse gewesen, sondern nur eine Möglichkeit, dieser Therapie von Sigmund Freud zur Verbreitung zu verhelfen. Und zu weiteren Gelegenheiten behauptete er, die Therapie wäre wundervoll gewesen, weil er so viele Komplexe entdecken konnte. Die Art der Beziehung zwischen Piaget und Spielrein blieb immer unklar.

Im Jahr 1923 heiratet Piaget seine Mitarbeiterin Valentine Chatenay, mit der er drei Kinder bekommt. Anhand der Entwicklung seiner eigenen Kinder betreibt und vervollständigt er seine Studien. Innerhalb der universitären Forschung an der Entwicklung von Kindern legt er Wert darauf, dass Frauen an der experimentellen Psychologie beteiligt werden.

1925 wird Piaget Professor für Psychologie, Soziologie und Philosophie an der Universität Neuenburg. 1929 wird er Direktor des Bureau International d'Education, einem neu gegründeten Forschungsinstitut für Erziehungsfragen in Genf. Er plädiert für eine Neugestaltung der schulischen Unterrichtsformen, die wesentlich kindgerechter ablaufen sollen.

Von 1929 bis 1939 ist er als Professor für Geschichte der Wissenschaften an der Universität Genf tätig, und von **1940 bis 1971 als** Professor für experimentelle Psychologie am selben Ort. In den Jahren 1952 bis 1963 ist er renommierter Gast-Professor an der Sorbonne in Paris.

Im Jahr 1955 wird er als Gründer des „Centre Internationale d`Epistémologie Génétique" bekannt. Hier forscht er gemeinsam mit Linguisten, Psychologen, Mathematikern und anderen Gelehrten an der Entwicklung der Intelligenz. Sein Ausflug in die Psychoanalyse hatte keinen Bestand und war in seiner weiteren Forschung nicht mehr relevant. Er stützte seine Erkenntnisse auf **biologisches, psychologisches und logisches Wissen**, nicht aber auf die Annahmen Freuds, der eine eigene Theorie zur kindlichen Entwicklung etablierte. Bis zu seinem Tod verfasst er zahlreiche Schriften und wird mit vielen Ehrendoktortiteln ausgezeichnet. Sein Hauptwerk ist **„Das Wachsen des logischen Denkens von der Kindheit bis zur Pubertät"**.

Piaget studierte die kindliche Entwicklung intensiv an seinen eigenen Kindern und beobachtete, wie sie Intelligenz entwickelten und dabei, je nach Alter, Fehleinschätzungen und -benennungen unterlagen. Während seine Frau die Kinder erzog, beobachtete er sie intensiv. Er selbst erhielt sich auch ein kindliches Gemüt und hielt noch im hohen Alter Taschenmesser in seiner Hosentasche parat. Einzelne Berichterstatter sprechen auch von Regenwürmern an gleicher Stelle.

Wie in wissenschaftlichen Studien verwendete er Tests. Allerdings trennte er sich von den üblichen **Intelligenz-Tests**, bei denen die Antworten ja oder nein vorgegeben waren, und griff zu differenzierteren Aufgaben sowie zu **Interview-Techniken**. Gleichzeitig setzte er sich auch von Versuchsanordnungen ab, die im Labor entstanden und Kinder vor komplexe Anforderungen stellten. Seine Aufgaben waren sowohl übersichtlich wie auch praxisnah. Beispielsweise zeigte er einem Kind ein niedriges, aber breites Glas mit einer Flüssigkeit, die er in ein höheres, aber schmales Glas umschüttete (die Forschung ergab, dass ein Kind erst ab einem Alter von ca. 7 Jahren in der Lage ist, zu erkennen, dass die Menge dabei unverändert geblieben ist).

Piaget war der Überzeugung, dass prinzipielle logische Strukturen schon entstehen, bevor die Sprache erlernt wird. Sie kommen durch motorische Aktionen und Sinneswahrnehmungen zustande. Für ihn bedeuteten logische und mathematische Strukturen nichts anderes als spezielle sprachliche Strukturen. Sie bauen sich im Zusammenwirken mit der Umwelt auf, deshalb sind die Interaktionen zwischen dem Kind und seinen Bezugspersonen besonders wichtig, ebenso wie eine Umgebung, die dem Kind genügend Reize zur Auseinandersetzung bietet. Es lernt, indem es spielt und sich mit den Dingen in seinem Umfeld beschäftigt. Er verglich die kognitive Entwicklung des Kindes mit dem Wachstum in der Natur. Wenngleich er den Fokus auf die wesentlichen Wachstumsjahre legte, ging er doch davon aus, dass ein Kind schon vor der Geburt eine psychische Entwicklung durchlebt und ein Erwachsener sein ganzes Leben lang. Körper und Geist streben immer nach einem Gleichgewicht, was eine wichtige Rolle beim Wachstum spielt. Eines Tages ist dann die maximale Größe des Körpers erreicht, und auch die geistige Entwicklung ist abgeschlossen.

Eine wesentliche Aufgabe für Pädagogen sieht er darin, **das Interesse des Kindes zu wecken.** Denn es nimmt eine aktive Rolle beim Lernen ein. Es macht viele Beobachtungen und startet zahlreiche Experimente. Dadurch gewinnt es Zuwachs an Kenntnissen und kann vorherige Annahmen revidieren. Zum Lernen gehört also Veränderung. Hierbei kommt die Sprache zur Hilfe. Sie fördert die Entwicklung, weil sie hilft, Handlungen zu benennen. Ohne sie könnte man nichts erläutern. Die Sprache verhilft zu Erkenntnis, durch sie können Menschen die Vergangenheit reflektieren und eine Vorstellung über die Zukunft bekommen. Nicht getätigte Handlungen kann man sich vorstellen und die Konsequenzen vorausdenken. Ein Ziel der Entwicklung ist, dass ein Kind sich sprachlich umfassend ausdrücken kann. Dann kann es nicht nur eigene Denkweisen nachvollziehen, sondern auch wichtige soziale Einstellungen. Es kann erkennen, welche allgemeinen Regeln in der Gesellschaft herrschen. Piaget betont, dass das Kind immer genügend Raum haben muss, um seine Erfahrungen zu machen und zu verarbeiten. Wenn man ein Kind etwas aktiv lehrt, dann hat es keine Möglichkeit, die Erkenntnis selbst hervorzubringen. Von wissenschaftlichen Erkenntnissen nimmt er an, dass sie sich, genau wie die Evolution, in einer fortwährenden Entwicklung befinden und ständig ändern können.

Das **Ziel der schulischen Bildung** sieht Piaget darin, die Schüler/innen zu Männern und Frauen zu erziehen, die „fähig dazu sind, Neues zu schaffen, anstatt das zu wiederholen, was andere Generationen gemacht haben". Die Menschen sollen innerhalb ihres Heranwachsens kreativ werden können, sie sollen etwas erfinden und entdecken können. Sie sollen nicht alles einfach so akzeptieren, was man ihnen vorsetzt und anbietet, sondern den Dingen kritisch gegenüberstehen und sie überprüfen. Sie sollen selbst experimentieren. Er erkannte die **Kindheit als eine besondere Epoche** und wusste sie zu schätzen, denn er forderte dazu auf, „teilweise ein Kind zu bleiben, mit der Kreativität und dem Erfindergeist, was Kinder charakterisiert, bevor sie von der Gesellschaft der Erwachsenen verformt werden".

Piaget gilt als der **Begründer der modernen Pädagogik**. Er legte das Verständnis dafür, dass Kinder keine kleinen Erwachsenen sind, sondern in einer eigenen Welt leben, die von ständigem Zuwachs an Wissen und Können geprägt ist. Dabei durchlaufen sie verschiedene Stadien. Sie denken sogar anders als Erwachsene. Ältere Kinder denken demnach nicht schneller als jüngere, sondern befinden sich in einem anderen Stadium ihres Entwicklungsprozesses. Piaget kam zu dem Schluss, dass Kinder nicht weniger intelligent sind als Erwachsene, sondern dass die Intelligenz sich anders zeigt, weil das Denken sich anders gestaltet. Das befand **Albert Einstein** als eine so großartige Erkenntnis, dass er sie mit den Worten kommentierte, sie wäre „so einfach, dass nur ein Genie darauf kommen kann". Denn bis dahin nahm die Wissenschaft an, Kinder würden ihre Intelligenz allmählich erweitern und wären weniger kompetent, zu denken.

Piaget fand die Tatsache, dass Kinder andere Denkmuster haben, dadurch heraus, dass er seine Forschung nicht auf die Faktoren ausrichtete, die man als Intelligenzmessung ansah, z. B. wie weit kann jemand zählen oder wie viele Wörter kennt er. Stattdessen richtete er seinen Fokus darauf, in welcher Weise Kinder eine Vorstellung von Zahlen, Zeit, Ursache und Wirkung u. a. erhielten. Seit Piaget nimmt man eindeutig an, dass es eine **Kindheit im Sinne einer besonderen Phase in der individuellen menschlichen Entwicklung** gibt, und man weiß, wie die kognitive Entwicklung von Kindern im Wesentlichen verläuft. Er gehört zu den einflussreichsten und bedeutendsten Wissenschaftlern. Bis heute bildet seine Arbeit die Basis für die Beschäftigung mit kindlicher Entwicklung.

Auf Piaget geht die Erkenntnis zurück, wie wichtig eine fördernde Umgebung für Kinder ist. Wissen kommt nicht zustande, weil das Gehirn wächst, sondern weil das Kind mit seiner Umwelt in Beziehung tritt. Piaget betonte, dass Schule nicht nur Theorie vermitteln soll bzw., dass eine solche Vermittlung nicht ausreicht, um Kinder zu kritischen und kreativen Erwachsenen werden zu lassen. Sie sollen selbst möglichst viele verschiedene Erfahrungen machen, indem sie Versuche starten. Manches gelingt (noch) nicht, anderes wird verworfen und durch neue Experimente ersetzt. Neben dem physischen Heranreifen ist für Kinder der kognitive Reifeprozess von elementarer Bedeutung, der im Zusammenspiel und der Auseinandersetzung mit der unmittelbaren Umgebung sowie mit der weiteren Umwelt und ihren sozialen Regeln erfolgt. Piaget unterteilte die kindliche Entwicklung in Stadien. Er ging davon aus, dass die Stadien aufeinander aufbauen, wenn die Übergänge auch fließend sind, und dass sie in allen Kulturkreisen gleichermaßen ablaufen. Heute sieht man die Chronologie nicht mehr so streng. Die Phasen können sich auch überschneiden, einzelne Fähigkeiten oder Phasen können früher oder später in Erscheinung treten. Nach Piaget sind Menschen von Geburt an mit einer mentalen Struktur ausgestattet, die ihnen ermöglicht, konsequent immer mehr zu lernen.

2. Entwicklungsstadien der Kindheit nach Piaget

Sensomotorisches Stadium (Geburt bis 2 Jahre)

Allgemeines

Schon in den ersten Monaten kann der Säugling Fähigkeiten nutzen, weil er sie von Natur aus mitbringt. Dazu gehören die Sinne, denn er kann sehen und hören, ebenso wie schmecken, tasten und etwas anfassen. Darüber hinaus verfügt er über die Reflexe Saugen, Schlucken und Greifen. Das Kind ist motorisch aktiv, weil es sich bewegt, und es nutzt seine Sinnesorgane. Das ist die erste Form von Intelligenz, die durch erste Erfahrungen zustande kommt und sich immer weiter ausbaut. Beispielsweise spürt das Kind bald den Unterschied, an der Mutterbrust oder an einem anderen Gegenstand zu saugen. Piaget unterteilt die ersten zwei Jahre in verschiedene Phasen.

Geburt bis Monat 1

Das Neugeborene reagiert auf seine Umwelt in Form von **angeborenen Reflexen**, die zunächst noch nicht koordiniert verlaufen. Doch das richtige Zusammenspiel tritt schnell ein und bildet das erste Fundament für die kognitive Entwicklung.

Monat 1 bis 4

Der Säugling beginnt, gewollte Handlungen zu vollziehen und nicht mehr nur reflexartig zu reagieren. Das kann er, weil er mehr Kontakt zu seinem Körper bekommt. Der Kontakt kann zufällig zustande kommen. Eine typische Erscheinung ist, dass der Säugling zunächst zufällig seinen Daumen berührt, das interessant und angenehm findet und ihn deshalb dann in den Mund steckt. Das löst den Saugreiz aus. Dieser Reflex bezieht sich durch die Aktivität des Kindes jetzt nicht mehr nur auf die nährende Brustwarze, sondern auch auf einen anderen äußeren Stimulus, was bereits eine **Erweiterung von Handlungen** darstellt. Der Säugling empfindet den Vorgang wiederum als angenehm. Im Folgenden nimmt er den Daumen mehr und mehr absichtlich in den Mund und saugt daran, weil die Handlung positive Empfindungen auslöst. So, wie er mit seinem eigenen Körper Kontakt aufgenommen hat, nimmt er im Laufe seiner Entwicklung Kontakt mit seiner Umwelt auf. Piaget spricht von **„primärer Kreisreaktion"**, weil die Handlungen, die Wohlbefinden verursachen, wiederholt werden. Ein Feedback über die äußere Welt erfolgt über die Sinnesorgane. Der Säugling spürt, wie es sich anfühlt, einen Gegenstand mit dem Mund in irgendeiner Form zu „bearbeiten". Das, was ihm Wohlbefinden verursacht, wiederholt er.

Monat 4 bis 8

Der Säugling ist jetzt bereits intensiver an seiner Umgebung interessiert und reagiert auf Stimulation von außen. Er erweitert seinen **Aktionsradius von seinem Körper auf seine Umgebung.** Beispielsweise versucht er aktiv, ein Spielzeug zu erhalten, indem er danach greift. Häufig wird das Spielzeug in den Mund gesteckt. Er zeigt den Willen, etwas zu erreichen, indem er seine Handlungen wiederholt. Oft erzeugt ein Spielzeug ein Geräusch, was er zufällig entdeckt. Wenn es ihm gefällt, versucht er, es eigenständig erneut zu erzeugen, beispielsweise ein Rasseln. Ein Säugling ist allerdings nicht in der Lage, eine Rassel zu schütteln, um zu überprüfen, ob sie einen Ton erzeugt. Wenn das Rascheln erst einmal erscheint, ist das ein zufälliges Ergebnis aus der Auseinandersetzung mit der umgebenden Welt. Deshalb ist eine klare Intention noch nicht festzustellen, sondern nur der Weg dorthin. (Eine Intention beinhaltet, dass es ein Ziel gibt, also absichtsvolles Handeln.)

Piaget spricht von **„sekundärer Kreisreaktion"**, weil die Aktionen sich nicht mehr auf den eigenen Körper, sondern auf Objekte in der Umgebung richten. Doch sie sind schon ein Beispiel dafür, wie stark Kinder an Erfahrungen mit der Umwelt interessiert sind. Ca. ab dem achten Monat hat das Kleinkind eine Vorstellung von einem Gegenstand entwickelt, weil es ihn verinnerlicht hat. Eine Tasse, die nicht sichtbar ist, ist in seiner Vorstellungwelt trotzdem enthalten.

Monat 8 bis 12

In dieser Phase beginnt der Säugling, Intentionen erkennen zu lassen. Er erkundet seine Umwelt intensiv und stellt fest, dass bestimmte

Dinge bestimmte Eigenschaften haben. Hat er vorher noch ein Spielzeug weiterhin geschüttelt, nachdem er zufällig ein Rasseln feststellen konnte, kann er nun das Rasseln grundsätzlich mit dem Spielzeug verbinden. Er ist in der Lage, sich aktiv auf ein Spielzeug zuzubewegen, indem er beispielsweise etwas anderes zur Seite schiebt, das sich vor dem begehrten Spielzeug befindet. Das Kind erkennt nun, dass ein Ding auch dann existiert, wenn es sich nicht in seinem Sinnesradius befindet. Es gibt die Rassel, obwohl es sie nicht sieht. Das ist ein entscheidender Entwicklungsschritt. Er ermöglicht dem Kind, die Suche nach etwas zu starten, das es haben möchte. Dazu vollzieht es **aktive Handlungen**, indem es beispielsweise ein Tuch oder eine Decke wegzieht, unter der sich das begehrte Objekt verbirgt.

Hier zeigt sich also eine klare **Intention/Absicht**, ein Ziel zu erreichen. Ein Gegenstand wird nun eingehender untersucht. Dazu nutzt der Säugling seine Sinne, wie beim eingehenden Anschauen, und erkundet ihn zudem durch Saugen und Lutschen mit dem Mund. Hinzu kommen aber auch motorische Handlungen wie Werfen. Hierbei werden schon erste **Koordinationen** verwendet, beispielsweise den Gegenstand erst ergreifen, bevor er geworfen wird. Der Säugling fängt auch schon an, das Verhalten, das er bei anderen Menschen beobachtet, zu imitieren. Beispiele sind nicken, Zunge herausstrecken und winken.

Monate 12 bis 18

Nun ist der Säugling zum **Kleinkind** geworden – eine Bezeichnung, die die meisten pädagogischen Theorien für das zweite und dritte Lebensjahr bereithalten. Piaget beschreibt die Kinder in dieser Phase als **kleine Wissenschaftler**. Sie starten ständig Aktionen unter dem Motto „Versuch und Irrtum". Beispielsweise probieren sie aus, wie sie Aufmerksamkeit bei ihrer Bezugsperson erregen können. Eine bestimmte Lautäußerung funktioniert nicht? Dann wird eine andere gewählt. Die funktioniert auch nicht? Dann kann man eine Handlung ausprobieren. Mit den Händen auf den Boden klatschen oder mit etwas Greifbarem in der Nähe werfen, und vielfache andere Lösungen sind dem Kind jetzt möglich.

Doch die Umwelt ist auch in anderer Hinsicht hochinteressant. Hat das Kind festgestellt, wie eine Rassel kling, wenn sie auf den Boden fällt, will es herausfinden, wie andere Gegenstände klingen, die auf den Boden fallen. Die Folge sind Abwürfe, getätigt aus dem Kinderstuhl oder dem Kinderwagen. Die Aktion selbst wird wiederholt, aber mit verschiedenen Gegenständen. Das ist schon eine komplexe Tätigkeit.

Piaget verweist darauf, dass sich dieses absichtsvolle Handeln aus der vorherigen Phase ergibt, die sich nun erweitert. Das entspricht seiner Theorie, dass eine Phase nicht vor der vorhergehenden erscheinen kann. Das Kind entdeckt nun Zusammenhänge zwischen seinen Aktionen, die es tätigt, und Ereignissen, die eintreten. Ein Teddy, der auf dem Boden landet, klingt anders als eine Rassel. Piaget spricht von „tertiären Kreisreaktionen", weil die Tätigkeiten wiederholt werden und gleichzeitig auf den Errungenschaften der sekundären Kreisreaktionen aufbauen. Das Wiederholen ist nicht immer gleich (wie bei den sekundären Reaktionen), sondern bekommt experimentellen Charakter, weil zwar die Handlung wiederholt wird, aber mit anderen Mitteln. Eine Intention ist also ausgeprägt. Durch die Erprobung neuer Dinge zu einem bestimmten Zweck wird die Umwelt unter einem neuen Aspekt erkundet, und das Kind lernt, mit bestimmten Mitteln bestimmte Ziele zu erreichen. Ein weiterer großer Schritt, um sich die Umgebung zu erschließen! Parallel dazu wird der Körper besser koordiniert, die Bewegungen werden geschmeidiger.

Monate 18 bis 24

In dieser Phase beginnen die Kleinkinder, mentale Prozesse zu starten und nicht nur Aktionen vorzunehmen, um ihre Welt zu erkunden. Das Wissen, dass Dinge bestehen, wenn sie auch aktuell nicht zu sehen, zu hören oder zu fühlen sind, verstärkt sich. Das Kind weiß ganz genau, dass es eine Rassel gibt, obwohl sie in der aktuellen Situation seiner Sinneswahrnehmung nicht zugänglich ist. Das ermöglicht ihm, danach Ausschau zu halten, wenngleich die Suche noch nicht nach einem geordneten Muster abläuft. Es hat also vor seinem geistigen Auge eine Vorstellung von der Rassel. Diese Tatsache nennt Piaget „Objektpermanenz".

Das ist ein elementarer Entwicklungsschritt, den ein Säugling in den ersten Monaten seines Lebens (bis zu einem halben Jahr) auf keinen Fall vollziehen kann. In diesem Entwicklungsabschnitt gilt noch das Prinzip „Aus den Augen, aus dem Sinn". Er kann nicht aktiv nach einem Objekt suchen, weil ihm die entsprechende Erkenntnis fehlt. Zeigt man ihm in den ersten Monaten seines Lebens eine Figur, beispielsweise einen Kaspar, nach kurzer Zeit erneut, wie bei einem Versteckspiel, so kann er durchaus erschrecken. Mit dem Verschwinden nach dem ersten Zeigen war der Kaspar für das Kind für immer weg. Sein Wiedererscheinen kann zum Erstaunen bis zum Erschrecken führen (was nicht heißt, dass das Kind so etwas nicht verkraften würde, es ist ein normaler Prozess).

Ebenso wie bei Objekten verinnerlicht das Kleinkind vom 18. bis zum 24. Monat überschaubare Handlungsabläufe. Es muss nicht mehr proben, wie es sich am besten in einem Gefährt (z. B. Bollerwagen im Zoo) platziert, es weiß es nun bereits **aus Erfahrung und kann die Erfahrung anwenden.** Das ist nur möglich, wenn es in seinem Geist eine permanente, nicht verschwindende Vorstellung davon gibt, wie etwas funktioniert. Das ist die Basis für die spätere Fähigkeit, Gedanken zu entwickeln, also zu denken.

Das Kind automatisiert jetzt **Bewegungsabläufe** und braucht dazu keine Experimente mehr zu machen. Dadurch eröffnet es sich die Möglichkeit, ein neues Repertoire an Versuchen zu starten. Viele Kleinkinder lieben es, mit Wasser zu spielen, beispielsweise mit Händen oder Spielzeugen auf die Oberfläche des Badewassers einzuwirken. Das Ergebnis ist im Allgemeinen Hochspritzen des Wassers. Es ergeben sich nun neue Erkenntnisse für das Kind, nämlich dass das Wasser anders spritzt, wenn es verschieden stark oder mit unterschiedlichen Gegenständen bearbeitet wird. Bei festen Gegenständen kommt es z. B. zur Erkenntnis, dass Holzklötze unterschiedlich zusammenpassen. Das Kind versteht nun bestimmte Erscheinungsbilder wie das Phänomen, dass ein Mensch schläft. Da es mit Imitieren vertraut ist, kann es so tun, als ob es schliefe.

Das sensomotorische Stadium zeichnet sich dadurch aus, dass das Kind durch **Aktionen lernt, die es innerhalb seiner Umwelt durchführt.** Diese Handlungen sind durch seinen physischen Körper, seine Bewegungsmöglichkeiten und seine Kraft begrenzt. Dazu passend, spielen die Sinneswahrnehmungen eine entscheidende Rolle. Obwohl es schon seinen Körper koordinieren kann und aktiv seine Umwelt erforscht, kann es nicht lernen, ohne in eine **Interaktion** mit ihr zu treten. Am Anfang war es der eigene Körper, nun sind es auch Gegenstände und Handlungen. Doch das Denken ist noch unterentwickelt. Dazu muss man nicht nur Dinge verinnerlichen, also ein inneres Bild von ihnen haben, sondern auch komplette und **komplexe Handlungsabläufe.** Mit Ablauf des Kleinkindalters ist es an der Zeit, die errungenen Grundlagen zu nutzen und Sprache sowie Vorstellungskraft hervorzubringen. Dazu bedarf es der Fähigkeit des Erinnerns. Das passiert im nächsten Stadium, in dem auch das Denken entsteht.

Präoperationales Stadium (2 bis 7 Jahre)

Allgemeines

Beim Alter von 2 bis 4 Jahren spricht man von Kindergartenkindern, beim Alter von 5 bis 6 Jahren von Vorschulkindern. In diesem Stadium ist das Erlernen der Sprache ein hervorstechendes Merkmal. Der Lernprozess geht einher mit der Verstärkung der Vorstellungskraft. Kinder lieben es, Dinge als etwas anderes zu benutzen, z. B. einen Topf als Hut. Auch ihre eigene Rolle ändern sie gern spielerisch, indem sie den Status eines Arztes vorgaukeln oder so tun, als wären sie eines ihrer Geschwister oder eine der Bezugspersonen.

Kindergartenalter

Im Kindergartenalter lernt das Kind, zwischen real existierenden Dingen und seiner Vorstellung davon zu unterscheiden. Es kann sich seine Rassel nun geistig vorstellen. Weiterhin entwickelt es einen kleinen Wortschatz. Es kann Menschen und Dinge benennen. Die Wörter können Dinge und Handlungen benennen, die konkret vorliegen, oder solche, die in der Situation nicht sinnlich erfassbar sind.

Das Kind kann jetzt klar unterscheiden, ob etwas real vorhanden ist oder nicht. Es kann allerdings viele feststehende Phänomene noch nicht zuordnen. Beispielsweise glaubt ein Kind noch, dass es ein anderes Geschlecht annehmen würde, wenn es mit typischen Spielzeugen für das andere Geschlecht spielt (eine Beobachtung aus der Forschung, die geschlechtsspezifische Spielzeuge für Kinder und als Geschlechter männlich und weiblich voraussetzt).

Piaget spricht vom „symbolischen und vorbegrifflichen Denken". Das Kindergartenkind hat noch keine klare Kenntnis von der Bedeutung der Wörter, es macht noch Fehler. Daher wählt Piaget den Ausdruck vorbegrifflich. (Später sind die Begriffe gefestigt in dem Sinne, dass sie grundsätzlich richtig verwendet werden, z. B. ein Pferd für ein Pferd und nicht für ein Kamel.) Allgemeine und besondere Merkmale werden noch nicht unterschieden. Das vorbegriffliche Denken ist ein symbolisches Denken. Es entsteht durch Imitieren – ein Handlungsmuster, das das Kind schon kennt. Dabei werden Gegenstände ebenso nachgeahmt wie menschliche Verhaltensweisen. Das Kind untersucht ein Objekt und verhält sich dann wie das Objekt, z. B. eine Schaukel.

Das Kind lernt, dass ein Symbol stellvertretend für etwas sein kann, das den Sinnen zugänglich ist. Einem Objekt, z. B. einer Tasse, wird nun das Wort „Tasse" zugeordnet. Entsprechend wird dem Weggehen die Geste „Winken" zugeordnet. Wort und Geste sind nun Symbole für einen Gegenstand (die reale Tasse) bzw. ein Ereignis (jemand entfernt sich). Da es sich um Symbole handelt, nennt Piaget diesen kognitiven Entwicklungsstand die Stufe des symbolischen, vorbegrifflichen Denkens, bei dem Wörter und Vorstellungen für Dinge und Ereignisse bestehen, aber in der allgemeingültigen Bedeutung noch ungefestigt sind.

Ein Kind in Kindergartenalter neigt dazu, einem Gegenstand eine Eigenschaft zuzusprechen und ihn damit zu **vermenschlichen**. Stößt es sich z. B. an einer Kante, dann hat das dazugehörende Möbelstück sich falsch verhalten, weil es da stand, wo das Kind hinwollte. Es kann durchaus als schlecht oder böswillig wahrgenommen werden. Diese Vorstellung nennt Piaget **animistisch**. Ein Kind lernt im Laufe der Zeit dann, diese Vorstellung zu überwinden und belebte von unbelebten Phänomenen in seiner Umwelt zu unterscheiden. Es macht nämlich oft die Erfahrung, sich zu irren, und muss seine Annahmen korrigieren, weil sich die Realität anders als seine Vorstellung erweist. So durchläuft es Lernprozesse. Beispielsweise ist das Kuscheltier Katze nicht belebt, eine echte Katze jedoch schon.

Hat das Kind einmal an einem schattigen Ort gesessen und wurde von der Sonne geschützt, so nimmt das Kind an, große Pflanzen wie Bäume wären zum **Zweck** da, Schatten zu erzeugen. Solche Erklärungen nennt Piaget **finalistisch**.

Ferner gibt es das Erklärungsmodell des Kindes, dass imposante Phänomene wie Berge von kräftigen Menschen gemacht wurden (oder auch von übermenschlichen Erscheinungen wie einem Gott, wenn die Erziehung entsprechender religiöser Natur ist). Das bezeichnet Piaget als **artifizialistisch**.

Vorschulalter

Vom vierten Lebensjahr an entwickelt das Kind immer stärker **das anschauliche Denken**. Natürlich sind die Übergänge fließend, wie immer in den verschiedenen Stadien. Kinder orientieren sich immer noch stark an der Wahrnehmung. Logische Folgerungen sind noch nicht ausgeprägt, wenngleich das Vorschulkind in der Lage ist, einen ersten Umgang mit Zahlen zu verkraften und den ersten Zahlenfolgen zugänglich ist. Das kindliche Denken ist zwar anschaulich, aber auf die Gegebenheiten in der räumlichen und zeitlichen Dimension beschränkt, in der sich das Kind befindet. Es ist also **situationsgebunden**.

Zudem sieht das Kind sich selbst immer als den Bezugspunkt. Das zeigt sich in Telefongesprächen (ohne Bildgebung). Fragt man das Kind, wo es ist, so sagt es „Hier" und nicht „Zuhause". Fragt man, wo sein Spielzeug sich befindet, zeigt es darauf und sagt „Da", obwohl der Anrufende dorthin nicht blicken kann. Fragt man „Hast du eine Schwester", sagt es „Ja" (im Falle der Wahrheit), fragt man nach „Wie heißt sie?", gibt es den richtigen Namen an, z. B. Heidi. Fragt man jedoch „Hat Heidi auch einen Bruder/eine Schwester?", sagt es „Nein". Das Kind ordnet sich in die Welt ein, indem es **seinen eigenen Standpunkt als den einzig richtigen und möglichen** ansieht. Ein Alternative kann es sich weder vorstellen noch denken, weil es die Perspektive einer anderen Person nicht einnehmen kann. Piaget bezeichnet diese Tatsache als **Egozentrismus**. Die Bezeichnung darf nicht mit dem landläufigen Begriff von Egoismus verwechselt werden, den man verwendet, wenn eine Person in der Lage ist, sich in eine andere hineinzuversetzen, das aber unterlässt bzw. die Konsequenzen daraus nicht vollzieht, weil es ihr einen eigenen Vorteil bringt.

Piaget griff zu kreativen Techniken, um die kognitiven Fähigkeiten von Kindern zu erkunden. Eine Anordnung, die die egozentrische kindliche Sichtweise belegt, wurde besonders berühmt. Man legt einem Kind (vierjährig) ein dreidimensionales Modell mit drei unterschiedlich hohen und breiten Bergen vor. Nun setzt man das Kind in eine bestimmte Position vor das Modell, von dem aus es alle drei Berge sehen kann. Danach zeigt man verschiedene Abbildungen der drei Berge aus verschiedenen Perspektiven und fragt das Kind, auf welchem Punkt es sich befindet. Das Kind wählt mit hoher Wahrscheinlichkeit das richtige Bild. Danach setzt man das Kind in zwei andere Positionen, sodass ein anderes Berg-Panorama entsteht. Man stellt zu jeder Positionsänderung die gleiche Frage und erhält mit hoher Wahrscheinlichkeit die korrekte Antwort. Daraufhin setzt man das Kind erneut in die Position des ersten Berges. Jetzt erfragt man, welches Bild von den Bergen die Person sieht, die auf der zweiten bzw. dritten Position steht. Das Kind wählt mit hoher Wahrscheinlichkeit seine aktuelle eigene Position aus, obwohl es die anderen Blickwinkel vorher gesehen hat.

Später entwickelten Forscher andere Versuche, um herauszubekommen, ob Kinder eine egozentrische Sichtweise haben. So stellte man eine Puppenstube auf und zeigte Kindern eine bestimmte Perspektive, in der sie erkennen konnten, dass hinter einem Möbelstück ein Spielzeug platziert war. Dann zeigte man ihnen eine erweiterte Perspektive, die den Raum in einem größeren Umfang umfasste, aber die gleichen Möbelstücke enthielt. Die jüngeren Kinder sahen nicht dort nach, wo sie vorher das Spielzeug entdeckt hatten, doch die älteren taten es. Die Entwicklung dahin, die Perspektive eines anderen Menschen annehmen zu können, ist ein entscheidender Schritt. Er zeigt besonders klar, dass Kinder keine „kleinen Menschen" sind, die in geringerem Ausmaß denken und handeln wie Erwachsene, sondern dass sie in ihrer eigenen Welt leben und sich in verschiedenen Phasen die Fähigkeiten aneignen, die ihnen später in vollem Umfang zur Verfügung stehen. **Sie wenden ihre Intelligenz ebenso an wie Erwachsene, aber bezogen auf ihr Stadium.** Dazu sind sie in ständigem Austausch mit den Reizen ihrer Umwelt. Dass Kinder sich im präoperationalen Stadium nicht von ihrer eigenen Perspektive trennen können, erklärt auch, warum sie bis zum Alter von ca. 5 Jahren nicht in der Lage sind, zu lügen. Darüber hinaus verstehen sie auch keine Ironie. Sie interpretieren immer nach ihren individuellen Gegebenheiten.

Kinder in diesem Stadium können sich nur **auf ein Merkmal** konzentrieren. Das geht aus verschiedenen Versuchen hervor. Zeigt man ihnen zwei Kugeln aus Knete, die gleich groß sind, so bestätigen sie, dass es sich um die die gleiche Menge Material handelt. Formt man nun vor ihren Augen aus einer Knetkugel einen langen Schlauch, dann sind sie der Meinung, die lange Form hätte nicht die gleiche Menge. Sie können also nicht nachvollziehen, dass die Form nicht die Menge beeinflusst hat. Sie können nur **entweder die Menge oder die Form** ins Auge fassen. Rein logische Schlussfolgerungen sind ihnen also noch verwehrt, ihre kognitiven Fähigkeiten sind noch stark von der unmittelbaren Wahrnehmung bestimmt.

Entsprechend haben sie kein objektives Verständnis von Gewichten und Mengen. Sie begreifen nicht, dass die Form, Größe oder Ortsveränderung eines Gegenstandes ihn selbst unverändert belässt. Auch das Erfassen von dem, was Zahlen repräsentieren, ist noch nicht vorhanden, wenngleich der erste Umgang mit Zahlen in einem abgesteckten Rahmen gelingt, z. B. beim reinen Zählen. Doch kommt ein zweites Merkmal hinzu, kann das Kind den Zusammenhang nicht erfassen. Legt man ihm drei Kugeln vor und sagt bei der ersten „eins", bei der zweiten „zwei" und bei der dritten „drei", so erfasst es nicht, dass es um eine Menge geht. Fordert man es nämlich auf „Gib mir alle drei", dann greifen es zur dritten Kugel, weil es die Zahl als Bezeichnung interpretiert. Piaget spricht von „**Zentrierung**", weil das Kind seine Wahrnehmung auf einen Aspekt zentriert und keinen zweiten gleichzeitig einbezieht.

Ab dem Alter von ca. 5 Jahren ändert sich das. Jetzt tritt das ein, was Piaget Konservierung nennt. Man weiß (konserviert in seinem Gedächtnis), dass eine Kugel Knete die gleiche Menge beinhaltet, auch wenn man sie zu einer anderen Erscheinung verformt. In einem anderen Zusammenhang wird es mit Zuordnungen noch schwierig. Man kann dem Kind erklären, dass Hannover in Niedersachsen liegt. Auf die Frage, wo es wohnt, würde es Hannover bejahen, Niedersachsen jedoch verneinen.

Kinder im Vorschulalter haben einen Hang zum Magischen. Ihre Vorstellung, dass machtvolle höhere Wesen im Spiel sind, wenn sie sich etwas nicht erklären können, prägt sich aus. Gleichzeitig können sie Aktionen, die sie beobachtet haben und besonders die, in die sie involviert waren, gut im Gedächtnis behalten und sich vor ihrem geistigen Auge vorstellen. Sie lieben es, diese Aktionen nachzuspielen. Ob vom Bildschirm abgeguckt oder real erlebt, nehmen sie Rollen ein und werden zu Schauspielern. Zahlreiche Akteure dienen als Vorbild, von den eigenen Familienmitgliedern bis zu Menschen, die Berufe ausüben, oder zu Tieren im Zoo.

Konkret-operationales Stadium (7 bis 12 Jahre)

In diesem Stadium befindet sich das Kind in der mittleren Phase seiner Entwicklung zu einer erwachsenen, voll verantwortlichen Person. Es befindet sich im Grundschulalter. Jetzt entwickelt sich das logische Denkvermögen. Zunächst orientiert das Kind sich noch stark an konkreten Gegenständen, doch sein Denken bezieht immer stärker auch logische Strukturen ein. Zeigt man ihm jetzt zwei gleiche Gläser mit der gleichen Menge an Flüssigkeit und schüttet einen

Inhalt in ein anders Glas mit einer völlig anderen Form, so erkennt das Kind, dass die Menge der Flüssigkeit sich nicht verändert hat, wenn sie auch in einem anderen Glas viel höher (oder niedriger) steht. Es urteilt also nach Logik und nicht nach Wahrnehmung und kann einen Aspekt konservieren (die Menge der Flüssigkeit im Gedächtnis behalten).

Es kann Zahlen viel besser verstehen und einordnen und der Aufforderung „Gib mir alle drei" korrekt folgen, wenn man ihm drei Kugeln vorlegt und dabei von eins bis drei zählt. Ein anderes Experiment zeigt ebenfalls die Weiterentwicklung. Legt man mehrere Stäbe nebeneinander und fordert das Kind auf, identische Stäbe genau daneben als zweite Reihe auszulegen, so tut es das. Verlängert man nun den Zwischenraum zwischen den Stäben der eigenen ersten Reihe und fragt, ob da nun mehr Stäbe lägen, können Vorschulkinder im Allgemeinen bereits ab 7 Jahren die richtigen Antworten geben, während Kinder im vorherigen Stadium noch oft sagen, nun lägen da mehr Stäbe als in der zweiten Reihe. Greift man zum Experiment mit den Kugeln der Knetmasse, so können die Kinder jetzt erkennen, dass die veränderte Form zwar dünner ist, aber auch länger, und dass die ursprüngliche Menge nur verändert wurde, aber nicht vermehrt. Sie können also zwei Phänomene zusammenbringen und den richtigen Schluss über die Quantität der Masse ziehen.

Die Grundschulkinder haben die Fähigkeit, Dinge in Klassen einzuteilen. Beispielsweise können sie Formen nach gleicher Größe oder gleicher Farbe ordnen. Sie sind auch in der Lage, Untergruppen und übergeordnete Kategorien zu erkennen. Beispielsweise gehört ein Dackel zur Untergruppe Dackel und zur übergeordneten Kategorie Hunde. Ein Experiment von Piaget besteht darin, einem Kind vier rote und zwei weiße Blumen vorzulegen. Nun fragt man, ob da mehr Blumen oder mehr rote Blumen liegen. Für ein Kind mit ca. fünf

Jahren ist die typische Antwort, dass da mehr rote Blumen liegen. Ein Kind im Grundschulalter lernt, dass der Begriff Blumen eine Kategorie ist, der verschiedene Farben als weitere Kategorien untergeordnet sind. Es weiß, dass es sich hier um sechs Blumen handelt.

Es gibt spätere Varianten der Nachfolger Piagets von dem Test, deren Ergebnis Übergänge im Denken von Kindern zeigt. So legte man z. B. sechsjährigen Kindern Figuren von Kühen vor, von denen drei schwarz und eine weiß war. Alle Figuren lagen auf der Seite, sodass sie schlafend erschienen. Dann fragte man sie, ob es mehr schwarze Kühe oder mehr Kühe gäbe. Ein Viertel der Sechsjährigen gab die richtige Antwort. Nun fügte man die zweite Frage hinzu, ob es mehr schwarze oder mehr schlafende Kühe gäbe. Hier lag fast die Hälfte der Kinder richtig. Nach Piagets Einteilung ist das untypisch, die Fähigkeit wäre frühestens mit sieben Jahren entwickelt worden. Doch die grundsätzliche Annahme Piagets über die Entwicklung des Denkens wurde bestätigt. Die Fähigkeit, Klassifizierungen vorzunehmen, entwickelt sich mit der Art des Denkens. Diese ist im konkret-operationalen Stadium dadurch gekennzeichnet, dass die kognitiven Fähigkeiten nicht mehr nur vom Handeln in der konkreten Umwelt abhängig sind, sondern sich in Richtung Logik entwickeln. Die Kinder richten sich nicht mehr nur nach der aktuellen Sinneswahrnehmung, sondern beziehen andere Faktoren ein. Das Grundschulkind kann zudem mehr als einen Aspekt in einer Situation berücksichtigen. Wenn man einer Knetmenge nichts hinzufügt oder wegnimmt, bleibt sie bei Verformung gleich. Wenn man einer Flüssigkeit nichts zufügt oder wegnimmt, bleibt sie die gleiche, auch wenn man sie umgießt. Es weiß nun auch, dass man Zustände rückgängig machen kann. Aus der Schlange kann wieder eine Kugel werden. Es kann Schlussfolgerungen in Bezug auf andere Dinge ziehen. Teilt man eine Tafel Schokolade in zwei Stücke und halbiert wiederum eins der zwei Stücke, dann weiß ein Grundschulkind, dass die drei

Stücke der einen Seite nicht mehr Schokolade enthalten als die ganz gebliebene andere Hälfte. Ein Vorschulkind nimmt an, dass die drei Stücke mehr Schokolade enthalten.

Um diese Dinge zu erfassen, muss das Kind geistige Prozesse beherrschen. Bestehende Informationen müssen angewandt werden. Eine zu einer Schlange verformte Masse muss im Geist noch als Kugel präsent sein. Grundschulkinder sind der Lage, zu erkennen, dass ein Golden Retriever zur Klasse der Hunde zählt und ein Hund wiederum der Klasse der Tiere zugeordnet wird. Es kann nachvollziehen, dass A gleich C ist, unter der Voraussetzung, dass A gleich ist mit B und B gleich ist mit C. Doch es ist noch stark an reale Darstellungen gebunden. Zudem geht der Egozentrismus zurück. Die Position einer anderen Person kann bis zu einem gewissen Grad eingenommen werden. Das Kind im konkret-operationalen Stadium kann im Experiment mit dem Drei-Berge-Modell die Frage nach der anderen Perspektive korrekt beantworten. Es beginnt auch, Informationen über die Ansichten anderer Personen in seine Überlegungen einzubeziehen.

Da nun nicht mehr die Zentrierung auf einen Aspekt herrscht, nennt Piaget die Fähigkeit des Perspektivwechsels **Dezentrierung der Vorstellung**. Allerdings haben Kinder zwar eine Vorstellung der Tatsache, dass andere Menschen andere Gesichtspunkte haben, aber oft nicht davon, welche das sind. Dazu fehlt es noch an abstrakter und logischer Denkfähigkeit. Die Logik ist erst teilweise entwickelt und orientiert sich vielfach noch an konkreten Dingen. Man nutzte Tests für einige neun- bis zehnjährige Kinder mit einer logischen Aufgabenstellung. „Falls Janina größer ist als Nicole und Justus größer als Janina, wer ist dann am größten?". Die meisten Kinder konnten die Aufgabe erst in diesem Alter lösen, jedoch nicht alle und die jüngeren gar nicht. Anforderungen an abstraktes Vorstellen fällt noch schwer. Das bemerkt man beim Umgang mit Zahlen. Die Grundschulkinder können zwar fünf plus zwei plus sechs gleich zwölf ausrechnen, aber keineswegs fünf plus zwei plus X gleich zwölf erschließen.

Grundschulkinder können **untereinander deutlich besser kooperieren** als im vorherigen Stadium. Das ist insofern verständlich, als sie jetzt einbeziehen, dass andere Personen andere Standpunkte haben. Diese Erkenntnis verstärkt auch die Herausbildung einer eigenen Persönlichkeit. Es kommen soziale Handlungen zustande, weil das Kind seine eigenen Ansichten mit denen der anderen koordiniert. Erstmals bilden sich **moralische Kriterien** heraus, die danach fragen, was mit einer anderen Person passiert, wenn man eine bestimmte Entscheidung trifft. Piaget vergleicht solche Überlegungen mit einer „**inneren Diskussion**", bei der verschiedene Stimmen mit verschiedenen Ansichten zu Wort kommen.

Formal-operationales Stadium (12 bis 15 Jahre)

Nun entwickelt sich das **abstrakte Denkvermögen**. Die heranwachsende Person kann nun sicher formale Denkprozesse vollziehen. Piaget spricht vom **hypothetisch-deduktiven Denken**. Beispielsweise kann ein Kind aus „Alle Menschen sind sterblich" und „Hans ist ein Mensch" ableiten: Hans ist sterblich. Hypothetisch ist das Denken, weil es von einer Annahme ausgeht, die im Geist existiert, aber nicht in der Realität sofort überprüfbar ist. Deduktiv ist es, weil es aus gegebenen Annahmen einen logischen Schluss ableitet (und nicht aus einer Erfahrung). Diese formal korrekte Ableitung beherrschen auch schon einige Kinder am Ende des vorherigen Stadiums, doch sicher wird dieses Denkvermögen erst im letzten Entwicklungsstadium ausgeprägt. Es geht einher mit der Fähigkeit, sich Dinge und Ereignisse vorzustellen und zu durchdenken, die man in der Realität nicht erfahren hat oder die es gar nicht gibt. Vor allem das Imaginieren (Vorstellen) und das Analysieren nicht-existenter Phänomene spielt eine große Rolle, wenn es um neue Denkansätze und Experimente geht. Wissenschaft ohne diese Kompetenz wäre nicht möglich. Wenn man Hypothesen aufstellen kann, kann man auch Probleme lösen. Eine Hypothese ermöglicht es, kognitiv die Perspektive einzunehmen, was passieren könnte, wenn etwas wäre oder geschähe. Man braucht also einen Fehler nicht zu machen, weil man ihn voraussieht. Zugleich setzt man für Dinge, die man überprüfen will, weil man das Ergebnis nicht kennt, eigene Bedingungen, sodass eine Kontrolle gesichert ist. Ferner spielt die Fähigkeit, die Positionen und Annahmen anderer Menschen sicher einbeziehen zu können, eine Rolle dabei, eine Handlungsmöglichkeit für einzelne, auch schwierige Situationen zu finden.

Im formal-operationalen Stadium wird es möglich, systematisch vorzugehen. Beispielsweise gibt es einen Versuch von Piaget, bei dem man fünf durchsichtige, flüssige Substanzen in Gläsern präsentiert. Die Aufgabe ist, herauszufinden, welche Kombination die Farbe Gelb ergibt. Vorgegeben wurde, dass es sich um zwei Substanzen handelt. Während ein Kind unterhalb des letzten Stadiums noch nach dem Prinzip „Versuch und Irrtum" vorgeht, kann die überwiegende Zahl der Älteren logisch vorgehen, indem sie ein System anwendet.

Systematisches Vorgehen beinhaltet, einen Faktor herauszugreifen und gezielt zu überprüfen. Wenn beispielsweise ein Gerät kaputt ist, das man in mehrere Teile zerlegen kann, so überprüft man einen Teil nach dem anderen. Das wird in dem Pendel-Versuch deutlich. Piaget gab die Aufgabe, herauszufinden, welcher Faktor das Schwingen eines Pendels am meisten beeinflusst. Gegeben waren drei Faktoren: die verschiedene Länge von Fäden, die Schwere von verschiedenen Gewichten und die Kraft, die vom Schwung ausgeht. Während jüngere Kinder zufällig vorgingen oder zwei variable Faktoren gleichzeitig anwandten (Gewicht und Fäden), näherten sich Jugendliche mit formal-logischem Denkvermögen und prüften systematisch einen Faktor nach dem anderen.

Jugendliche können kreative Lösungen auf logischer Ebene finden. Man fragte Kinder, wo sie ein drittes Auge anbringen würden, wenn Menschen eins bekämen. Während Neunjährige noch meinten, die Stirn wäre günstig, finden Jugendliche mit ihrer formal-logischen Kompetenz andere Vorschläge. So meinen sie z. B., die Handfläche wäre praktisch, weil man dann um die Ecke sehen kann.

Piaget führte eine Versuchsserie durch, in der er Kindern verschiedener Altersstufen eine Aufgabe vorlegte. Sie sollten auf einer Waage mit zwei Balken eine Balance herstellen, wobei sie Gewichte auf den Enden zu platzieren hatten. Für die Lösung waren sowohl die verschiedenen Gewichte wie der Abstand vom Mittelpunkt zwischen den Balken von Bedeutung. **Kinder zwischen drei und fünf Jahren** konnten die Aufgabe nicht lösen, denn sie hatten keinerlei Vorstellung davon, was Balance bedeutet. **Siebenjährige Kinder** verstanden, dass sie eine Balance herstellen konnten, indem sie auf beide Balken Gewichte legten. Aber sie verstanden nicht, dass neben den Gewichten auch die Entfernung vom Mittelpunkt ein Kriterium für den Zustand des Gleichgewichts entscheidend war. **Zehnjährige** verstanden beide Kriterien. Sie wussten, dass die Gewichte wie auch der Abstand zur Lösung führten. Sie erzielten auch die richtige Lösung, nutzten dazu aber kein systematisches Vorgehen, sondern erreichten ihr Ziel durch Versuch und Irrtum. Erst Kinder ab dreizehn Jahren gingen logisch vor (spätere Versuche anderer Forscher zeigten, dass viele Dreizehnjährige es noch nicht konnten, sondern erst ältere, also Jugendliche). Sie waren in der Lage, eine abstrakte Hypothese aufzustellen, nämlich, dass die Gewichte eine Rolle spielten, und dann zusätzlich ein zweites Kriterium zu verfolgen, nämlich den Abstand.

Das bestätigte die Annahme Piagets, dass Kinder bei einer Herausforderung/Situation zunächst nur ein Merkmal ins Auge fassen können, sich dann eine Vorstufe zwischen Handeln und Denken entwickelt und schließlich das formal-logische Denken möglich wird. Erst in diesem Stadium kann ein Mensch langfristige Planungen vornehmen, weil er Erfahrungswerte und Vorstellungskraft einbeziehen kann. Jetzt können Aufgaben gelöst werden, ohne dass konkrete Gegenstände vorhanden sind oder mit ihnen experimentiert werden kann, z. B. die Aufgabe: „Stelle dir zwei Mengen vor, die miteinander vermischt werden. Stelle dir nun vor, die eine Menge wird größer, aber die Gesamtheit bleibt gleich. Was ist mit der zweiten Menge passiert?"

Das Denken bezieht sich auch auf soziales Handeln, und die Persönlichkeit entwickelt sich auch durch Entscheidungen, ob eine bestimmte Problemlösung gewählt wird, eine andere mögliche aber nicht. Ein Faktor kann sein, in welchem Maße andere Menschen in die Problemlösungsprozedur einbezogen werden, ein anderer, ob eine Person sich eine Problemlösungsstrategie, die sie kognitiv erkannt hat, zutraut oder nicht.

Im letzten Stadium entsteht auch die Fähigkeit, Form und Inhalt zu unterscheiden. Beispielsweise kann ein Text frei von Rechtschreib- und Zeichensetzungsfehlern sein und optisch gut präsentiert werden, inhaltlich dagegen zweifelhaft erscheinen. Also ist die Form in Ordnung, der Inhalt aber nicht. Diese Differenzierung kann erstmals mit ausgebildetem formalen Denken im Jugendalter getroffen werden.

Piaget plädiert für eine optimale Unterstützung von Kindern und Jugendlichen bei ihrer selbstständigen Entwicklung, indem die Umwelt ihnen vielfältige Möglichkeiten zur Verfügung stellt und die Chance gibt, zahlreiche Dinge und Phänomene eigenständig zu erkunden. Die Lust und Freude daran, Probleme zu lösen, soll gefördert werden.

Für Piaget besteht **Intelligenz** darin, sich an die Anforderungen der Umwelt optimal anzupassen. Intelligenz ist für ihn eine spezielle biologische Fähigkeit, mit der Umgebung gut zurechtzukommen. Man bezeichnet Piaget als **Gründer der genetischen Psychologie**, weil er sich einerseits auf biologische Grundlagen stützt und sich andererseits psychologischen Erkenntnissen widmet. Er legte außerdem mit seiner Forschung Grundlagen der kognitiven Entwicklungspsychologie, die heute noch als Basis für das Verständnis kindlicher Entwicklungsphasen gelten. Während er sich von der Psychoanalyse schließlich absetzte, griff er in seiner Theorie stärker auf naturwissenschaftliche Ideen und Begriffe zurück, vor allem des amerikanischen Psychologen und Philosophen **James Mark Baldwin (1861 bis 1934)**. Baldwin widmete sich der Evolutionsbiologie und prägte den sog. Baldwin-Effekt. Er besagt, dass Verhalten, das erlernt wurde, sich auf die Evolution auswirkt, weil es mit der Zeit vererbt wird und eine natürliche Selektion (Auslese der überlebensfähigen Lebewesen) begünstigt.

3. Begrifflichkeiten bei Piaget

Das Schema

Piaget nimmt an, dass Kinder **Schemata** entwickeln. Den Begriff selbst entnahm er dem Material des britischen Forschers **Frederic Bartlett (1886 bis 1969)**, der in seiner Lerntheorie davon ausgeht, dass Menschen die Welt verstehen, weil das Gehirn ein Netzwerk von abstrakten mentalen Strukturen bilden kann.

Durch Piagets Theorie wurde der Begriff **Schema** als wissenschaftlicher Terminus (Bezeichnung) populär. Er sieht ein Schema als etwas an, das ein Kind etabliert, durch Erfahrung jedoch verändert. Es kann also verändert oder auch verworfen und durch ein neues ersetzt werden. Diese Entwicklungsschritte, die Schemata hervorbringen, sind, wie immer bei Piaget, stark beeinflusst von den Auseinandersetzungen mit der Umwelt. Ein Schema ist sowohl im Wissen selbst enthalten wie auch in der Aneignung von neuem Wissen.

Zum Beispiel hat ein Kind zunächst eine Vorstellung davon, was ein *Hund* ist. Es weiß, dass vier Beine, ein Fell und ein Schwanz dazugehören. Hat es die Kenntnis aus dem häuslichen Umfeld anhand eines kleinen weißen Haustiers bezogen und trifft nun auf eine Katze mit vorwiegend weißem Fell, so ist es möglich, dass es sie als Hund bezeichnet. Jetzt lernt es, dass dieses Tier ein anderes als ein Hund ist. Es verändert nun sein **Schema** von einem *Hund* – beispielsweise, dass er bellt und nicht miaut – und baut gleichzeitig ein Schema von einer *Katze* auf. Nun kann es auch sein, dass es auf große, braune Hunde trifft. Es lernt also, dass Hunde auch dann Hunde sind, wenn sie sehr groß sind. Dann trifft es auf ein kleines braunes Pony, das ihm als Pferd erklärt wird. Es kann sein, dass es das Pony zunächst als Hund bezeichnet. Der Prozess der Schema-

Entwicklung geht also weiter. Das Kind verändert sein Schema von *Hund* und etabliert gleichzeitig ein Schema von *Pferd*. Das kann wiederum weiterentwickelt werden, wenn die erste Begegnung mit einem durchschnittlich großen Pferd stattfindet. Das Schema erlaubt, mehrere Informationen in einer Art Kurzfassung zu koordinieren und so einen Teil der äußeren Welt einfacher einzuordnen. Vier Beine, großer Kopf, Schwanz, Fell und großer Körper werden zum Schema „Pferd" verbunden. Mit der Zeit kann das Kind dann die Kategorien unterscheiden, ein Hund ist kein Pferd. Im weiteren Geschehen trifft es die Feinabstimmungen, ein „Pony" ist beispielsweise ein kleines Pferd. Naturgemäß steigert sich die Zahl der Schemata im Laufe der kindlichen Entwicklung.

Auch für Handlungsabläufe werden Schemata entwickelt, sodass man bestimmte Aktionen ausführen kann, ohne nachzudenken, beispielsweise körperliche Abläufe wie das Sitzen in einer Kinderkarre beim kleinen Kind oder das Gebrauchen des Bestecks beim größeren. Auch Erfahrungswerte wie Kauen gehen in Schemata über, denn in weichen Kuchen beißt man beherzt hinein, während man krümelnde Kekse oder Nüsse vorsichtiger behandelt. Diese Dinge, die für einen Erwachsenen selbstverständlich sind, gilt es im Kindesalter zu erlernen. Wenn ein Kind erstmals versucht, eine Flüssigkeit zu greifen, z. B. aus einer Schüssel, lernt es, dass man Flüssigkeiten nicht greifen kann. Um sie aus dem Gefäß zu bekommen, muss man anders mit den Händen arbeiten. So entwickelt sich aus dem Schema „greifen" ein neues, in diesem Fall „herausschöpfen", z. B. mit einer Kelle.

Ein Schema kann sich erst dann entwickeln, wenn ein Kind eine Vorstellung davon hat, dass Dinge auch ohne sein Zutun und ohne dass es sie wahrnehmen kann, existieren. Ein Baby befindet sich im ge-

genteiligen Zustand. Es lebt in einer Welt, in der es nur seinen Gesichtspunkt der Dinge und Ereignisse gibt und nichts außerhalb von seinen Aspekten. Wenn das Kind lernt, dass Objekte als solche existieren, hat es die kognitive Fähigkeit für ein Schema erreicht. Piaget spricht deshalb von Objektpermanenz.

Heute geht man davon aus, dass die von Piaget benannten Schemata auch später noch erlernt werden, wenn man im Erwachsenenalter auf Neues trifft. Beim Bilden von Schemata ist Sprache notwendig. Man sagt z. B. nicht „Ich befinde mich in einer unübersichtlichen, großen Ansammlung von Bäumen, unterbrochen von Wiesen", sondern „Ich bin im Wald". Das gilt z. B. auch für Handlungsabläufe wie das Autofahren. Was man anfangs mit Bedacht tut, ist später ohne Nachdenken möglich. Diese Routinen, die automatisch ablaufen, erleichtern den Alltag und den Umgang mit einer komplexen Welt. Ein weiteres Beispiel ist das Erlernen neuer Computerprogramme.

Assimilation und Akkommodation

Bei der Aneignung von Schemata sieht Piaget zwei Prozesse wirken, die Assimilation und die Akkommodation.

Die Assimilation bewirkt, dass das Kind eine neue Erfahrung in ein Schema einordnet, das bereits als Muster vorliegt. Das vorhandene Schema bleibt erhalten, weil sich das neue Phänomen in die vorhandenen kognitiven Strukturen einordnen lässt. Kennt das Kind einen Labrador als Hund, wird es auch einen Retriever als Hund erkennen. Weiß es, wie man in eine Banane beißt, dann kann es auch in eine Tomate beißen.

Die **Akkommodation** tritt ein, wenn ein Kind eine Erfahrung macht, die es mit den bislang ausgebildeten Schemata nicht bewältigen kann. Es muss ein Schema **erweitern** oder **anpassen**. Kaut das Kind auf einem Spielzeug, das aussieht wie eine Banane, um es zu essen, so passt das Schema „essbar" nicht mehr. Es lernt, dass essbare Bananen aus einem anderen Material sein müssen, sein Schema wird also erweitert. Nun hat es eine Akkommodation vollzogen.

Diese Prozesse funktionieren auch **im sozialen Bereich**, ebenso wie bei Erwachsenen. Macht man zum ersten Mal die Erfahrung, dass eine freundliche ältere Nachbarin, mit der man immer gut auskam, plötzlich Äpfel aus dem eigenen Garten stiehlt, so muss man diese neue Information verarbeiten.

Macht man das per Assimilation, so behält man die allgemeine Einstellung bei und wertet das Verhalten als altersbedingten oder anderweitig erklärbaren Ausrutscher. Das Schema bleibt in der Vorstellung immer noch bei einer netten älteren Dame. Es ist unverändert.

Erfolgt die Verarbeitung der neuen Erfahrung durch Akkommodation, so fügt man dem bisherigen Bild eine neue Komponente hinzu, nämlich eine neue Eigenschaft wie *frech* oder Ähnliches. Man hat das neue Schema von nun an als Grundlage in der folgenden Wahrnehmung. Die Nachbarin besitzt nun eine weitere – negative – Eigenschaft, und man sieht sie mit anderen Augen als vorher. Im Extremfall ändert man das gesamte Schema von *freundlich* auf *frech* (was einem Menschen sicher nicht gerecht wird).

Wenn jemand mit der Vorstellung aufwächst, dass einer bestimmten Gruppe von Menschen bestimmte Eigenschaften zuzuordnen sind (z. B. *Motorradfahrer sind brutal*), so macht er wahrscheinlich eines Tages eine gegenteilige Erfahrung. Er trifft auf Motorradfahrer, die das nicht sind. Wenn er mit dieser Erfahrung sein Schema revidiert, dann nimmt er eine Akkommodation vor.

Im sozialen Bereich werden Schemata oft zu **Stereotypen**, sodass man Menschen in eine Kategorie einordnet, die einem speziellen Verhaltensmuster entsprechen. So gibt es geschlechtsspezifische Vorstellungen, Vorstellungen über Mitglieder einer religiösen Gemeinschaft u. Ä. als Schemata. Im schlimmsten Fall führen sie zu Vorurteilen.

Diese Kategorien meint Piaget nicht. Er erklärt lediglich seine Vorstellung über die kognitive Aneignung von Vorstellungen über die Welt, die das Kind treffen muss, um in ihr zu leben. Dabei setzte er sich ausdrücklich von der Annahme ab, dass ein Kind passiv die Umwelt kopiert. Vielmehr ist die Erweiterung des Wissens über die Umwelt **ein aktiver Prozess**. In der Kindheit zu lernen bedeutete für ihn, Transformationen vorzunehmen, die zu einer Annahme über die Realität führen. Diese Annahme erweist sich dann als mehr oder weniger adäquat und stabilisiert sich entsprechend oder wird verändert.

Die Erkenntnisse Piagets gingen in die Vorstellung von Lernen im Allgemeinen ein, ebenso wie seine Forschungsergebnisse, dass das Kind sich vom Bewältigen des Einfachen zum Bewältigen des Schweren entwickelt, von konkreten zu abstrakten kognitiven Prozessen und von simplen Annahmen zu Differenzierungen.

Äquilibrium

Nach Piagets Theorie findet ein **Ausgleich zwischen Assimilation und Akkommodation** statt, damit der Entwicklungsprozess gut funktioniert und sich Intelligenz entwickeln kann. Diese Balance nannte er Äquilibrium (das Streben nach Gleichgewicht). Sie funktioniert nach seiner Auffassung umso besser, je älter das Kind wird. Die beiden Prozesse sind zwei Seiten eines Ablaufs, der Lernen bedeutet. Dabei kann eine Zeit lang die Assimilation dominieren, in einer anderen Phase wiederum die Akkommodation. Die Idee des Ausgleichs, der letztlich hergestellt werden muss, entspricht seinem biologischen Weltbild, nachdem alles Lebende sich letztlich an seine Umwelt anpasst.

Wie in allen Wissenschaften wurde auch Piagets Theorie kritisiert. Man fand sein Stadium-Modell zu mechanisch und stellte auch tatsächlich fest, dass die kindliche Entwicklung flexibler ist. Auch nimmt man nicht mehr an, dass die kognitive Entwicklung mit 12 bis 15 Jahren abgeschlossen ist. Das widerspricht schon den heutigen Erkenntnissen, dass das Gehirn in diesem Alter noch wächst. Auch die Relevanz von kulturellen und gesellschaftlichen Faktoren wurde weniger von ihm berücksichtigt, wobei diese Einflüsse natürlich auch im Laufe der weiteren Öffnung der Welt immer wichtiger wurden.

Doch die grundlegenden Gedanken seiner Theorie sind bis heute unumstritten, wenn auch die Stadien oft nicht exakt so ablaufen, wie er sie festlegte, und Kinder beispielsweise früher weniger egozentrisch werden. Sein entwicklungspsychologisches Modell ist nichtsdestotrotz ein bedeutendes Fundament für die Entwicklung der Wissenschaft und für die pädagogische Praxis und darf in keinem entsprechenden Lehrbuch fehlen. Heute würde niemand mehr für pure Wissensvermittlung (sozusagen an kleine Erwachsene) plädieren, und das ist ihm zu verdanken. Er setzte auf Interaktion mit der Umwelt und gleichzeitig auf Eigenständigkeit und Kritikfähigkeit des Individuums, das jedoch die Vermittlung von Anregungen und Reizen durch die Bezugspersonen braucht. Viele pädagogische Strategien sind auf Piagets Theorie aufgebaut. Sie beinhalten, eine günstige Lern-Umgebung zu schaffen, soziale Aktivitäten zu fördern und Kinder bzw. Jugendliche auf Unschlüssigkeit in ihrem Denken – das adäquate Alter vorausgesetzt – hinzuweisen.

Piaget gehört neben Freud in die Riege der Pioniere und wichtigsten Wissenschaftler auf dem Gebiet der Entwicklungspsychologie.

VIII. Die Zeit der Jugend

1. Entwicklung während der Jugendzeit

Körperliche Entwicklung

Für die Zeit der Jugend gibt es viele Studien, die keine allgemeine Entwicklungspsychologie bedienen, sondern sich gesondert auf diese Zeit beziehen. Der Übergang von der Kindheit zum Erwachsenen-Dasein ist durch die Pubertät geprägt. Sie beginnt im Allgemeinen zwischen acht und vierzehn Jahren, bei Jungen durchschnittlich ein bis eineinhalb Jahre später. Die grundlegenden Veränderungen vollziehen sich in drei bis vier Jahren.

Der Körper wächst, und zwar zuerst Arme und Beine und zum Schluss der Rumpf. Der Kopf nimmt an Umfang zu, nachdem Ohren, Nase und Lippen schon gewachsen sind. Der ganze Prozess führt oft zu einem ungleichmäßigen Erscheinungsbild des Jugendlichen. Zusammen mit dem Rumpf wachsen die inneren Organe. Auch das Gehirn wächst in dieser Zeit enorm, wobei sein Wachstum nicht mit Ende der Pubertät stoppt. Dieser Prozess hält bis zum zwanzigsten Lebensjahr und oft noch darüber hinaus an. Besonders wichtig ist, dass der Bereich des Gehirns, der hinter der Stirn liegt (der „Präfrontale Kortex"), sich im Jugendalter entwickelt, denn hier finden die logischen Denkprozesse statt. Vorausschauendes Handeln und Urteilsvermögen gehören dazu. Ein Teil des Heranwachsens zum Erwachsenen besteht in der Entwicklung der Sexualität.

Psychische Entwicklung

Piaget betrieb keine ausgiebigen Studien zu Jugendlichen. Was er jedoch festhielt, war, dass in dieser Zeit eine neue Form von Egozentrik bei ihnen auftritt. Obwohl sie nun in der Lage sind, die Perspektiven anderer Menschen zu verstehen und nachzuvollziehen, haben sie einen starken Hang dazu, ihr eigenes Ego zu fokussieren. Das stellten auch andere Forschungen fest. Ein Faktor dafür besteht darin, dass das Gehirn noch nicht voll entwickelt ist, ein anderer, dass die Zeit der Jugend eine Zeit der Identitätsfindung darstellt. „Wer bin ich und wer will ich sein?", sind Fragen, zu denen die Heranwachsenden sich in einem Klärungsprozess befinden.

Um Probleme zu lösen, und als Motivation für Handlungen dominiert nicht das formal-logische Denkvermögen, sondern häufig die Gefühlswelt. Vernunft und Intuition lassen sich für Jugendliche oft nicht vereinbaren, sondern treten in Konkurrenz zueinander. Dazu kommt, dass sie großen Wert darauf legen, in ihrer Peergroup (Gruppe von Gleichaltrigen, in der sie sich aufhalten und an deren Wertvorstellungen sie sich orientieren) einen guten Status zu haben. Jugendliche lieben Gleichheit, wenn sie unter sich sind. Sie kleiden sich gern gleich, widmen sich gern denselben Aktivitäten und sprechen gern die gleiche Sprache. Da sie sich von der Erwachsenenwelt absetzen wollen, entstehen typisch jugendliche Ausdrücke und häufig regelrechte Jugend-Sprachen. Gleichzeitig haben viele ein Ideal, dem sie nachstreben, und glauben, dass sie eines Tages berühmt würden oder etwas Aufsehenerregendes leisten könnten.

Darüber hinaus ist ihre Erfahrungswelt noch überschaubar. Vieles müssen sie noch durch Erfahrung am eigenen Leib lernen. In diesem Zusammenhang tendieren sie zu der Annahme, dass ihre Erfahrungen einmalig sind. Sie glauben, dass jedermann an ihrem Erscheinungsbild und ihren Aktionen extrem interessiert ist, weil es sich um individuelle, unverwechselbare Phänomene handelt. Das bestätigen sie sich häufig gegenseitig in ihren Peergroups. Umso weniger fühlen sie sich dann von den Erwachsenen verstanden. Von Anweisungen oder Verboten beschützt zu werden, fällt nicht in ihr Vorstellungsvermögen. Äußerungen wie „Du verstehst mich nicht" sind nicht selten.

Jugendliche sehen sich selbst oft vor einem imaginären Publikum und stellen sich, wenn sie allein sind, vor, wie sie auf andere wirken würden. Das kann sich für einige belastend auswirken und beispielsweise Magersucht verursachen, wenn Mädchen (zum größten Teil, aber auch Jungen sind betroffen) glauben, ihre körperliche Entwicklung zu einer erwachsenen Person würde dem gängigen Schönheitsideal einer schlanken Figur nicht mehr entsprechen. (Viele junge Menschen in den westlichen Industrienationen leiden auch unter Übergewicht und werden verspottet.)

Aus den Faktoren ergibt sich, dass Jugendliche hohe Risiken eingehen, einerseits durch Identitätsfindungsprozesse und wenig Erfahrung, andererseits durch ein noch nicht völlig ausgereiftes Gehirn, wenngleich das logische Denkvermögen existiert, und Neigung zu Spontaneität. Zudem können sie sich nun viele Situationen vorstellen, aber nicht parallel dazu die Wahrscheinlichkeit einschätzen, mit der etwas eintritt oder nicht eintritt. Deshalb sehen sie sich oft auf dem Weg zu einer bedeutenden Persönlichkeit. Jugendliche neigen häufig dazu, sich großen Gruppen bis hin zu einem öffentlichen Forum darzustellen. Da sie ohnehin einen Hang zu öffentlichkeitswirksamen Foren haben, bieten sich heute die sozialen Medien an. Sie bringen einerseits Identifikationsmöglichkeiten und ein Angebot von Gruppenzugehörigkeit und weitläufiger Kommunikation mit, bergen aber andererseits die Gefahr von Mobbing und Ausgrenzung.

Jugendliche sitzen im Allgemeinen dem Irrglauben auf, sie wären unverwundbar, ihnen würde nichts passieren. Oft denken sie auch, sie wären gegen den Prozess des Alterns immun. Sie können schlecht das, was möglich ist, von dem, was wahrscheinlich ist, unterscheiden und lassen sich deshalb auf riskante Dinge wie z. B. gefährliche Mutproben ein. Die Einstellung „Mir passiert nichts" führt in manchen Fällen zu frühen Schwangerschaften, Verletzungen und Unfällen. Beispielsweise fahren sie Zweiräder ohne Helm oder probieren erhebliche Mengen von Alkohol. Jugendliche unterliegen der Gefährdung, rechtliche Grenzen zu überschreiten. In westlichen Gesellschaften kommt die Gefahr der falschen Ernährung und damit gesundheitlichen Beeinträchtigungen hinzu. Bei einigen Dingen bildet das Verhalten von Jugendlichen die Basis für Schwierigkeiten im Erwachsenenleben, z. B. beim Übergang von leichten zu schweren Drogen.

Kommunikation

In der Kommunikation zwischen Jugendlichen und Eltern kommt es häufig zu Problemen, weil die Erwachsenen ihre Kinder vor Gefahren schützen wollen und dazu neigen, zu glauben, das Mitteilen der eigenen Erfahrungen könnte ihre Kinder überzeugen. Diese wollen jedoch eigene Erfahrungen machen. Einige Untersuchungen ergaben, dass Jugendliche von ihren Eltern Freiheiten erwarten, die sie als im Rahmen des Möglichen ansehen (was Eltern oft anders einschätzen), und dass sie sich das Vertrauen der Eltern in ihre Handlungen wünschen. Sie möchten von ihnen unterstützt werden und wünschen sich, dass sie ihnen zuhören. Viele akzeptieren durchaus, dass Eltern etwas anders sehen oder nicht für jeden Vorschlag zu haben sind, solange sie sich ernst genommen fühlen.

2. Anforderungen der Gesellschaft an Jugendliche

Anforderungen in der hochentwickelten Industriegesellschaft

Einige Forschungen im Bereich von Psychologie und Soziologie teilen die Anforderungen an Jugendliche in vier Aufgabenbereiche ein, die für heutige industriell hochentwickelte Gesellschaften typisch sind. Das Verständnis dafür und erst recht die Erfüllung der Anforderungen reichen bis ins Erwachsenenalter. Hier zeigt sich, dass Jugendliche sich vielfältigen Anforderungen gegenüber sehen.

Aufgabenbereiche für Jugendliche

Anforderung an Qualifikation

Die Jugendlichen sollen sich qualifizieren. Sie sind gefordert, ihre kognitiven Fähigkeiten optimal zu nutzen und zu lernen. Auch die gesellschaftlich geforderten Verhaltensweisen müssen eingeübt werden. Beides dient als Grundlage dafür, später einen Beruf erlernen und erfolgreich ausüben zu können. Sie müssen ihre Rolle in der menschlichen Gemeinschaft finden und sich in die Gesellschaft einordnen können.

Dabei spielt im westlichen Kulturkreis die Leistungsbereitschaft eine große Rolle. Die Jugendlichen sollen in die Lage versetzt werden, eine industriell geprägte Gesellschaft unter dem Gesichtspunkt der Ökonomie und Wirtschaftlichkeit zu erhalten und adäquat weiterzuentwickeln.

Anforderung an Ablösung und Bindung

Die Jugendlichen sollen adäquate Ablösungs- und Bindungsprozesse durchlaufen. Die Ablösung von den Eltern steht an. Neue Bindungen gewinnen an Bedeutung, nämlich eine Partnerschaft. Dazu muss der/die Jugendliche seine/ihre eigene sexuelle Identität als (meistens) männlich oder weiblich anerkennen (Jugendliche müssen sich auch über ihre sexuelle Orientierung im Klaren werden, was in solchen Studien oft vernachlässigt wird, da Heterosexualität als gegeben angenommen wird). Jugendliche sollen ihren Körper mit seinen Veränderungen annehmen. Sie sollen Beziehungen mit anderen Jugendlichen aufbauen.

Die Bewältigung dieser Aufgaben dient der Gesellschaft, weil so ihr Erhalt gesichert wird. Aus Jugendlichen sollen Erwachsene werden, die die Gesellschaft mit weiteren Kindern versorgen und dadurch langfristig erhalten. Dazu müssen sie sich in vorgegebenen Rollenbildern und Mustern wiederfinden (Mutter, Vater, Familie) und für ihre jeweilige Rolle Verantwortung übernehmen. Nur eine Gesellschaft, die die Reproduktion sicherstellt, kann aus soziologischer Sicht auf Dauer bestehen.

Anforderung an Erhalt der Arbeitskraft

Die Jugendlichen sollen für den Erhalt ihrer Arbeitskraft sorgen. Damit das funktioniert, müssen sie sich um die richtige Lebensweise und ihr Freizeitverhalten kümmern. Dazu gehört in hohem Maß die angemessene Nutzung der Konsumgüter, die in der Gesellschaft existieren. Sie sollen das richtige Verhältnis zum Geld finden, aber auch den Umgang mit der Medienwelt beherrschen. Der Jugendliche soll lernen, seine Lebensweise so zu gestalten, dass seine Arbeitskraft nicht gefährdet wird. Es sollen z. B. keine Schulden gemacht werden, die man nicht abbezahlen kann. Man soll mit den üblichen Kommunikationsformen gut umgehen können.

Der Jugendliche muss also eine individuelle Strategie für seine Regeneration entwickeln und ein Freizeitverhalten pflegen, das ihn nicht überfordert, sondern zu Ausgeglichenheit führt, und das sozial anerkannt ist. Auf diese Weise wird die Gesellschaft in ökonomischer Hinsicht gesichert.

Anforderung an Teilnahme an Gesellschaft

Die Jugendlichen sollen an gesellschaftlichen Prozessen teilhaben. Sie sollen sich der Wertvorstellungen bewusst werden und ihnen folgen, die in der Gesellschaft herrschen, und eigene Normen für ihr Handeln und Denken entwickeln, die allerdings nicht der gegebenen Rechtsordnung widersprechen dürfen und auch nicht allgemein anerkannten Regeln im Umgang miteinander zuwiderlaufen. Sie sollen sich als Mitglied einer menschlichen Gemeinschaft verstehen und als Bürger am gesellschaftlichen Leben teilnehmen. Sie sollen begreifen, dass sie in einem politischen Kontext leben. Entsprechend sollen sie in der Gesellschaft eine Rolle bewusst und aktiv übernehmen, mindestens die des Staatsbürgers. Auch der kulturelle Kontext, in dem sie agieren, soll ihnen bewusst sein. Eine grundlegende Vorstellung von moralisch vertretbaren Werten soll ausgebildet werden, Normen sollen akzeptiert werden.

Sie sind also gehalten, sich im Prozess des Erwachsenwerdens in die bestehende soziale Ordnung einzufügen und sich deren Werten anzuschließen. Die Erfüllung dieser Aufgabe dient der Aufrechterhaltung einer demokratisch strukturierten Gesellschaftsordnung.

IX. Entwicklung moralischer Vorstellungen

1. Die Entwicklung der Moral nach Piaget

Piaget war grundsätzlich weniger daran interessiert, was Kinder tun, sondern vielmehr daran, in welcher Weise sie denken. Er interessierte sich nicht dafür, ob sie sich regelwidrig verhielten, er wollte wissen, welche Gründe sie für ihr Verhalten hatten. In diesem Zusammenhang untersuchte er, welches Verhältnis Kinder zur Moral haben. Was denken Kinder über Regeln? Glauben sie, dass man sie ändern darf, und woher kommen Regularien überhaupt? Haben Kinder ein Gefühl für Verantwortung und für Gerechtigkeit? Wer trägt ihrer Ansicht nach eine Schuld und ist er dann zu bestrafen? Er stellte fest, dass sich moralische Vorstellungen im Laufe der Kindheit verändern.

2. Entwicklungsstadien in der moralischen Vorstellung nach Piaget

Amoralisches Stadium

In den ersten Jahren des Lebens kennen Kinder keine Moral, sie sind in einem **amoralischen Stadium**. Man kann ihnen keine sozialen Verpflichtungen abverlangen und das Einhalten von Regeln muss noch entwickelt werden.

Moralischer Realismus

Im präoperationalen Stadium entwickeln Kinder die Fähigkeit der Kooperation mit anderen und auch, einen eigenen Standpunkt zu haben. Doch erst im konkret-operationalen Stadium sind sie in der Lage, sich über moralisches Handeln Gedanken zu machen, was sie aber von sich aus kaum tun würden. Piaget ließ sie Spiele spielen und beobachtete, ob sie Regeln einhielten oder sich eigene Regeln setzten. Zudem erzählte er Geschichten, um ihre Vorstellungen zu erfahren.

Eine Geschichte hatte folgenden Inhalt: Ein kleines Mädchen, genannt Mary, wollte für seine Mutter eine schöne Überraschung vorbereiten, und zwar indem sie etwas für sie nähte. Zu diesem Zweck nutzte sie eine Schere, die sie aber noch nicht richtig gebrauchen konnte, und schnitt ein Stück Stoff aus ihrer Kleidung, was ein großes Loch hinterließ. Ein anderes Mädchen, genannt Margarete, nahm sich die Schere ihrer Mutter in deren Abwesenheit und spielte mit ihr. Sie konnte nicht richtig damit umgehen und als sie es ausprobierte, schnitt sie ein kleines Stück aus ihrer Kleidung, was ein kleines Loch hinterließ.

Die Kinder wurden gefragt, welches der beiden Mädchen sich ungezogener verhalten hätte.

Kinder (welche die Geschichte verstehen konnten) von bis zu 9 Jahren sagten, dass Mary das unartigere Kind wäre. Für sie war ausschlaggebend, welche Konsequenz das Verhalten hat. Ein größeres Loch im Stoff war für sie schlimmer als ein kleineres. Das Motiv für die Handlung blieb bei dem Urteil im Hintergrund. Piaget prägte dafür die Bezeichnung Moralischer Realismus.

Die Grundeinstellung dieser Moralvorstellung besteht darin, dass man das als erlaubt betrachtet, was nicht bestraft wird, und das als verboten, was bestraft wird. Je schlimmer ein Vergehen ist, desto härter wird es bestraft. Das große Loch im Stoff ist schlimmer als das kleine, also ist das Vergehen größer, und infolgedessen ist Mary in höherem Maß ungezogen als Margarete. Die Kinder gehen davon aus, dass Regeln unumstößlich und zeitlos sind, sie sind einfach da. Ihnen nicht zu folgen zieht Konsequenzen nach sich, im Sinne einer Strafe. Dabei geht es um Vergeltung. In gewisser Weise denken die Kinder eine Bestrafung als Rachefeldzug im Sinne von „Auge um Auge, Zahn um Zahn", wobei die Relation stimmen muss. Genauso richtig wäre also „Zwei Augen um zwei Augen, zwei Zähne um zwei Zähne".

Ähnlich ordnen die Kinder eine Lüge ein. Würde man jemandem erzählen, dass man eine schwarze Katze, so groß wie ein Panther, gesehen hat, dann wäre das nicht so schlimm, wie zu sagen, dass man eine Maus gesehen hätte, die so groß wie ein Panther war. Dabei spielt keine Rolle, wie wahrscheinlich etwas ist, sondern nur, wie groß der Unterschied zwischen Wahrheit und Lüge sich darstellt.

Eine zweite Geschichte erzählt, wie ein Farmer sieht, dass zwei seiner Tiere von Kindern gestohlen werden. Einen der beiden Diebe erwischt er und verprügelt ihn, der andere kann entfliehen, rutscht jedoch auf rutschigem Boden aus und bricht sich ein Bein. Kinder unter neun Jahren wurden gefragt, warum das zweite Kind sich ein Bein gebrochen hat. Sie sagten, weil es ein Tier gestohlen hat. In ihrer Vorstellung griff die Natur quasi als gerechter Richter ein. Erst ältere Kinder sind in der Lage, einen ursächlichen Zusammenhang zwischen dem rutschigen Boden und dem Beinbruch herzustellen und in Erwägung zu ziehen, dass der Dieb ohne diesen Untergrund gut und gern hätte davonkommen können.

Heteronome Moral

Zwischen neun und zehn Jahren beginnen Kinder, die Welt mit anderen Augen zu sehen. Jetzt spielt es eine Rolle, was andere Personen befürworten oder nicht befürworten. Sie fangen an, Urteile anderer Menschen als bestimmenden Faktor anzusehen. Zudem ziehen sie nun Motive als Kriterium in Betracht. Jetzt ist nicht mehr Margarete, sondern Mary das artigere Kind, weil sie etwas Gutes für ihre Mutter tun wollte, während die andere nur herumspielte und dabei unvorsichtig wurde. Diese Einstellung nennt Piaget heteronome Moral.

Die Kinder fangen an, daran zu zweifeln, ob sie Erwachsenen die Wahrheit sagen sollen, wenn sie einem Mitglied ihrer Peergroup damit schaden. Sie wägen also zwei moralisch integre Urteile gegeneinander ab. Es gilt zwischen Loyalität gegenüber den Eltern und Verrat an einem Freund zu entscheiden. Die Kinder, die in der Lage sind, den Standpunkt einer anderen Person zu verstehen, sind auch in der Lage, moralische Standpunkte in diesem Sinn zu vertreten und zu überlegen, ob sie jemandem schaden. Sie erkennen auch, dass nicht immer alle Regeln gelten und dass Regularien sich verändern können. Nicht an jeden kann man denselben Maßstab anlegen. Ist jemand beispielsweise schreibbehindert, so sollte er bei schulischen Arbeiten mehr Zeit bekommen. Auch Notlügen werden nun akzeptiert. Man sagt nicht die Wahrheit, um die Gefühle eines anderen Menschen nicht zu verletzen.

Autonome Moral

Die heteronome moralische Kompetenz entwickelt sich in jugendlichen Jahren weiter zur **autonomen Moral.** (In der Realität sind die Übergänge fließend und eine Zuordnung zur einen oder anderen Moral subjektiv.) Jetzt etabliert sich **eine eigene Sichtweise** der Dinge, die unabhängig von den Perspektiven anderer als richtig angenommen wird. Ein Jugendlicher wird beispielsweise keine Kollektivstrafe für eine ganze Gruppe akzeptieren, wenn nur Einzelne zur Rechenschaft zu ziehen sind. Gleichzeitig erkennt er, dass in der Realität nicht alle Menschen, die zu bestrafen wären, auch tatsächlich bestraft werden. Es werden auch nicht nur die Menschen, die schuldig sind, bestraft – es trifft manchmal auch Unschuldige.

Unter dem Gesichtspunkt autonomer Moral kommt es zu der Erkenntnis, dass **Wiedergutmachung** besser sein kann als Vergeltung im Sinne von Rache. Es kann sein, dass man dadurch, dass man etwas wieder in Ordnung bringt, einer Strafe entgeht. Ferner erlaubt diese reife Moralvorstellung auch, eine falsche Aussage oder unverständliche Aktion eines anderen nicht sofort als Lüge oder Bosheit abzuqualifizieren, sondern in Erwägung zu ziehen, dass es sich um ein Missverständnis handeln kann.

3. Die Entwicklung moralischer Vorstellungen nach Kohlberg (1927 bis 1987)

Entwicklungsstufen

Lawrence Kohlberg war ein amerikanischer Psychologe und Professor für Erziehungswissenschaft an der Harvard University in Cambridge. Er entwarf auf der Basis von Piagets Erkenntnissen eine eigene Theorie der Entwicklung von moralischen Vorstellungen.

Es handelt sich um drei Levels in sechs Stufen. Dabei nahm er an, dass die Entwicklungsstufen fließend ineinander übergehen, ohne dass man eine klare Zuordnung zum Alter treffen könnte, wobei die befragten Personen der meisten Studien bis zu sechzehn Jahre alt waren. Die Abfolge der Stufen würde jedoch immer gleich bleiben. Er interessierte sich bei seinen Untersuchungen weniger dafür, welche Vorstellungen zutage treten würden, als vielmehr dafür, welche Begründungen geliefert wurden.

Methodisches Vorgehen

Kohlberg griff bei seinen Untersuchungen zur Darstellung von Handlungen, die man nicht als eindeutig richtig oder falsch beurteilen kann. Anhand der Begründungen für eine Entscheidung beurteilte er die moralischen Wertvorstellungen der Kinder und Jugendlichen. Typische Erzählungen dazu sind die beiden folgenden.

Erste Erzählung

Heinz ist mit einer Frau verheiratet, die todkrank wird. Eine bestimmte Arznei würde ihr Leben retten, welche jedoch noch nicht lange auf dem Markt ist. Er will es in einer Apotheke kaufen, in der es erhältlich ist, doch der Inhaber fordert viel mehr Geld, als der angemessene Preis beträgt. Er lässt nicht mit sich reden, und Heinz bekommt das Geld trotz vieler Bemühungen nicht zusammen. Daraufhin bricht er in die Apotheke ein und entwendet die Arznei. Wie ist das Verhalten zu bewerten?

Zweite Erzählung

Eine siebzehnjährige Jugendliche ist mit einem Gleichaltrigen befreundet, von dem sie schwanger wird. Die ehrgeizige Schülerin, die weiß, dass ihre Eltern die Beziehung nicht gutheißen, teilt ihrem Freund, der eine Handwerkerausbildung durchläuft, ihre frühe Schwangerschaft mit. Er fordert die Abtreibung, anderenfalls will er sich von ihr trennen. Auch ihre Eltern wollen den Schwangerschaftsabbruch. Was soll die Jugendliche tun?

Anhand der Antworten zu solchen und vergleichbaren Situationen, die den Kindern und Jugendlichen ein moralisches Dilemma schilderten, ordnete Kohlberg die Entwicklungsstufe des moralischen Empfindens zu.

Die Levels der moralischen Entwicklung nach Kohlberg

Level 1

Präkonventionelle Moral

Erste Stufe der Gesamtentwicklung: Gehorsam

Die Kinder folgen **Autoritäten**, die bestimmen, was falsch und richtig ist. Es kann sich um die Bezugspersonen zu Hause, aber auch in der Schule handeln. Falls jemand bestraft wird, kann man hundertprozentig daraus schließen, dass er etwas Falsches getan hat. Wenn eine dieser Personen sagt, dass man nicht stehlen darf, dann ist stehlen falsch. Hat ein Kind von der Autorität gelernt, dass stehlen falsch ist, dann ist es immer falsch, bei sich und anderen. Kinder sind bestrebt, falsche Dinge zu vermeiden, damit keine Strafe erfolgt.

Zweite Stufe der Gesamtentwicklung: Instrumentelle Orientierung

Den Kindern werden ihre eigenen Bedürfnisse und ihr Wohlbefinden wichtig. Sie halten es für richtig, wenn **die eigenen Interessen** vertreten werden. So kann ein Kind durchaus von einem anderen Bonbons annehmen, die es gestohlen hat, den Diebstahl aber gleichzeitig an eine Autoritätsperson melden. Es sieht darin keinen Widerspruch.

Konventionelle Moral

Dritte Stufe der Gesamtentwicklung: Gegenseitigkeit

Das ist die Stufe, in der Identitäten als „guter Junge" und „gutes Mädchen" auftauchen. Die Kinder wollen freundlich sein, weil sie begreifen, dass angemessenes Verhalten Beziehungen zu anderen Menschen beeinflusst. Sie sind sich der Tatsache bewusst, dass sie mit anderen Menschen interagieren, und beginnen, sich mit deren Belangen zu beschäftigen. Daran messen sie, was gut oder böse ist. Wenn sie von vielen Menschen hören, dass stehlen grundsätzlich falsch ist, glauben sie es auch. Sie urteilen aber differenzierter. Stiehlt jemand zum eigenen Nutzen, dann ist es falsch. Stiehlt aber jemand, um einen anderen zu retten, dann kann es durchaus gut und richtig sein, wie beispielsweise bei Heinz, der seine Frau mit der gestohlenen Arznei rettet.

Vierte Stufe der Gesamtentwicklung: Soziale Regeln

Jetzt werden allgemeine gesellschaftliche Regeln anerkannt. Recht und Gesetz treten ins Bewusstsein. Würde man sie nicht einhalten, so würde Chaos ausbrechen. Man soll seine Pflicht tun und Autoritätspersonen respektieren. Diese Aspekte werden bei Beurteilungen von menschlichen Handlungen einbezogen.

Level 3

Postkonventionelle Moral

Fünfte Stufe der Gesamtentwicklung: Soziale Verträge

Ab dieser Stufe leitet sich ein moralisches Urteil von der individuellen Einstellung der Person ab, die zwischen verschiedenen Meinungen und Werten unterscheiden kann. Argumente auf Stufe fünf berufen sich darauf, dass es allgemeingültige Gesetze gibt, die allen Menschen in der Gesellschaft dienen. Sollte sich ein Gesetz jedoch als ungerecht erweisen, dann darf man es auch brechen (wie Heinz).

Sechste Stufe der Gesamtentwicklung: Universelle ethische Prinzipien

Auf dieser Stufe argumentieren Personen damit, dass es abstrakte Prinzipien wie Gerechtigkeit und Gleichheit gibt. Man versteht, dass die eigenen individuellen moralischen Vorstellungen zuweilen von dem abweichen, was die gesellschaftliche Ordnung erwartet und was Recht und Gesetz entspricht. Wenn sie gegen solche Regelungen verstoßen, dann tun sie das im Bewusstsein, dass sie die Prinzipien von z. B. Gerechtigkeit trotzdem anwenden. Zum Beispiel stiehlt jemand, weil er damit Gerechtigkeit für sich selbst praktiziert und von seinem Gesichtspunkt aus richtig handelt, wenngleich Gesetze anders darüber urteilen. Das könnte z. B. beim Entwenden von Lebensmitteln aus Containern der Fall sein, aber durchaus auch bei schwerwiegenderen kriminellen Handlungen, bei denen jemand Gerechtigkeit für seine Person will. Trotz Strafbarkeit hat er moralische Prinzipien verinnerlicht, denen er nun nach eigenen Maßstäben folgt. Es treten jedoch Konflikte mit der Gesellschaft auf, etwa in der Art, dass andere Menschen geschädigt oder verletzt werden.

4. Kritik an Kohlberg

An Kohlbergs Einteilung wurde kritisiert, dass er sich zu sehr an Werten wie Gerechtigkeit und zu wenig an weiteren Kriterien wie z. B. Empathie orientieren würde. Dadurch würden einzelne Facetten der Persönlichkeit zu kurz kommen und soziale Einflüsse und Gegebenheiten der Umwelt zu stark im Vordergrund stehen.

X. Entwicklung der Sprache

1. Entwicklung der *Äußerungen*

Lautäußerungen

Das Erlernen der Sprache unterscheidet den Menschen vom Tier. Die Entwicklung zur sprachlichen Verständigung ist ein wesentlicher Beitrag für den Umgang mit sich und der Umwelt. **Sprache ermöglicht das Denken.** Jedes Kind beginnt sein Leben mit Schreien, und es teilt seine Befindlichkeit eine ganze Zeit lang auf diese Weise mit. Das Schreien signalisiert Hunger, Unbehagen und Schmerzen, und zwar in unterschiedlichen Höhenlagen der Stimme und unterschiedlicher Intensität. Es erfolgt reflexartig. Landläufig denkt man, man weiß nicht, warum das Kind schreit. Beschäftigt man sich jedoch mit den Tönen des Babys, so kann man herausfinden, dass verschiedene Töne unterschiedliche Bedeutungen haben. Hunger klingt anders als eine allgemeine unangenehme Befindlichkeit.

Es gibt unterschiedliche Untersuchungen und Ergebnisse, wann genau ein Baby mit Lautäußerungen startet. Durchschnittlich beginnt ein Kind mit etwa **zwei Monaten**, Laute zu erzeugen, die einem Gurgeln ähneln oder auch einem Gurren. Der Vokal „O" steht im Vordergrund, aber auch andere Vokale werden erzeugt. Quietschende Laute klingen wie ein „I". Etwa zwei Monate später beginnt das Kind mit Lallen, wobei Konsonanten und Vokale vermischt werden, z. B. „Bababa".

Mit etwa sieben Monaten zeigen die Kinder ein erstaunliches Repertoire an Lautäußerungen, die sie intensiv anwenden. Die Kinder plappern oft und lange vor sich hin. Hier beginnt schon das Nachahmen der Sprechweise, die ein Kind hört, indem es seine Stimmlage so variiert, dass sie den gehörten Tönen angepasst wird.

Einwortsätze

Im Alter von etwa einem Jahr äußert das Kind einzelne Wörter, mit denen es eine Bedeutung verbindet. Hier spricht man von „Einwortsätzen". Im Allgemeinen handelt es sich um „Mama", „Papa", „Dada" und Ähnliches. Diese ersten Äußerungen hängen davon ab, welche Wörter in der Umgebung oft gesprochen werden. Einige Dutzend Wörter brauchen eine ganze Zeit, bis sie gesprochen werden. Doch dann entwickelt der Wortschatz sich rapide. Das Kind lernt, Dinge mit Wörtern zu benennen. Es spricht parallel dazu eine ganze Reihe von Wörtern, deren Bedeutung es nicht kennt. Es redet, weil es die sprachliche Möglichkeit hat, obwohl es die Zuordnung von einzelnen Wörtern zu den richtigen Objekten noch nicht treffen kann.

Zweiwortsätze

Etwa ein bis eineinhalb Jahre später äußert das Kind die sogenannten „Zweiwortsätze". Es nutzt die wichtigen Wörtern, um sich mitzuteilen, alles andere lässt es weg. Es sagt also z. B. nicht „Da kommt die Oma", sondern „Oma kommt".

Entwicklung der Grammatik

Im Alter zwischen drei und fünf Jahren entwickelt sich die Sprache in dem Sinne, wie Erwachsene sie gebrauchen. Grammatische Strukturen und Endungen werden unterschieden wie „ich gebe", aber „wir geben". Die Kinder können nun Unterhaltungen führen. Sie lernen neue Wörter kennen, die sie den gelernten Strukturen anpassen.

Dabei kommt es zu Fehlkonstruktionen der Wörter oder zu Neuschöpfungen, die es in der Sprache nicht gibt. Davon sind beispielsweise unregelmäßige Verben betroffen, das Kind sagt „springte" statt „sprang". Auch bei der Pluralbildung zeigen sich falsche Begriffe, z. B. „Wänder" statt „Wand". Der Plural wird von Wörtern wie „Bänder" und „Länder" zu „Band" und „Land" abgeleitet. Neue Wörter entstehen, wenn das Kind Verben von Substantiven ableitet. Z. B. kennt es den „Bäcker, der backt", und den „Jogger, der joggt". Nun sagt es „die Glocke glockt". Im weiteren Verlauf der Entwicklung lernen Kinder auch die Unregelmäßigkeiten der Sprache kennen, sodass sie sich im Schulalter angemessen verständigen können.

2. Untersuchungen der Sprachentwicklung

Forschungen zur Sprachentwicklung

Kinder erlernen die Sprache, doch wie entsteht sie? Darüber gibt es unterschiedliche Annahmen. Zwei Grundlagen gebende Vertreter der Sprachentwicklung sind der russische Psychologe Lew Wygotski und der amerikanische Sprachwissenschaftler Noam Chomsky.

Die Forschung von Wygotski (1896 – 1934)

Wygotski stellt die Kommunikation und Interaktion von Eltern und anderen Erwachsenen mit den Kindern in den Vordergrund und betont diese Aktionen bei der Sprachentwicklung noch mehr als Piaget. Die gesamte Entwicklung der Kinder sieht Wygotski entscheidend durch Eltern und Erzieher geprägt. Die sozialen und kulturellen Hintergründe werden den Kindern nach seiner Sichtweise auf diese Weise vermittelt, sowohl das Denkvermögen wie auch die grundlegenden Eigenschaften der Persönlichkeit ergeben sich aus den Einflüssen der Erziehung vom Kleinkind an. Die Erwachsenen müssen also immer darauf achten, dass sie mit dem Kind angemessen umgehen und es gleichzeitig fördern. Sie sollen im Laufe der Entwicklung von klaren Anweisungen immer stärker zu hinweisenden Tipps übergehen.

Wygotski unterscheidet verschiedene Erscheinungen von Sprache. Das mündliche „äußere Sprechen" ist für ihn eine andere Variante als die Anwendung von Sprache beim Schreiben. Dann gibt es noch das wichtige „innere Sprechen", bei dem der Mensch innerlich mit sich selbst redet. Das Kind durchläuft ein Entwicklungsstadium, bei dem das äußere in das innere Sprechen übergeht. Dabei spricht das Kind vor sich hin, es redet laut mit sich selbst. Dieses private oder egozentrische (das Wort ist wertneutral gemeint im Sinne von auf sich selbst gerichtet) Sprechen hat Wygotski besonders häufig als begleitende Erscheinung bei schwierigen Tätigkeiten beobachtet, beispielsweise beim Zuknöpfen von Jacken oder Anziehen von Schuhen. Darüber hinaus wenden Kinder es auch an, wenn sie etwas falsch gemacht haben und neu probieren, wenn sie unsicher sind, ob eine Handlung richtig ist, oder wenn sie überlegen, wie sie vorgehen sollen.

Mit der Zeit gehen diese sprachlichen Prozesse in Denkprozesse über und verlaufen still. Trotzdem haben viele Erwachsene sich die Technik der Selbstgespräche für bestimmte Situationen erhalten. Wygotski geht davon aus, dass Sprechen und Denken eng zusammenhängen und sich durch die Sprachentwicklung auch das Denkvermögen entwickelt. Er sieht Sprechen und Denken als unterschiedliche Prozesse an, wenngleich sie eng zusammenhängen.

Die Forschung von Chomsky (geb. 1928)

Chomsky vertritt die Ansicht, dass der Spracherwerb das Resultat eines angeborenen Prozesses ist. Weder familiäre noch schulische oder andere Bezugspersonen können nach seiner Auffassung bewirken, dass Kinder so komplexe Strukturen wie Grammatik erlernen. Dass Kinder die Sprache nach und nach anwenden, muss demnach einem inneren Vorgang folgen. Dafür macht er einen Mechanismus verantwortlich, den er im Gehirn vermutet. Er nennt ihn „language acquisition device / LAD" (Mechanismus zum Erwerb der Sprache). Aufgrund dieser biologischen Grundlage nimmt er weiter an, dass Menschen von Geburt an über eine universale Grammatik verfügen, mit deren Hilfe sie Sprache erlernen. Die Grammatik liefert die Strukturen, an die die sprachlichen Phänomene dann andocken können. So entstehen grammatisch korrekte sinnhafte Äußerungen bzw. Sätze.

Dabei leugnet er nicht, dass es ein Minimum an Input von der Umwelt geben muss, damit ein Kind sprachlichen Äußerungen zugänglich wird. Die Erwachsenen der Umwelt setzen den Prozess, in dem die grammatische Struktur wirken kann, in Gang. Doch sie müssen nach seiner Theorie nicht mit den Kindern am Spracherwerb arbeiten, wie Wygotski es verlangt.

Heute gehen die meisten Wissenschaftler davon aus, dass für den Spracherwerb sowohl angeborene Strukturen im Gehirn wie auch die sprachliche Beschäftigung mit dem Kind, also Umweltfaktoren, für das erfolgreiche Erlernen der Sprache verantwortlich sind. Allgemein anerkannt ist, dass möglichst viel Kommunikation und Interaktion mit dem Kind optimal für seine Entwicklung ist, darüber hinaus auch seine Kontaktmöglichkeiten mit anderen Kindern. Es gibt viele Untersuchungen darüber, dass tragfähige Bindungen zu den erziehenden Personen/Eltern und gute Betreuung eines Kindes in der Kita/Tagesunterkunft sich positiv auf die Entwicklung auswirken.

Weniger Forschung besteht zu dem Thema, ob ein Vater eine genauso gute Bindung an ein Kind aufbauen kann wie eine Mutter. Erste Ergebnisse deuten darauf hin, dass das der Fall ist. Der wesentliche Faktor scheint angemessene Versorgung und liebevolle Zuwendung zum Kind zu sein, weniger das Geschlecht des Menschen, der das Kind vorwiegend versorgt.

XI. Sigmund Freud (1856 – 1939)

1. Sigmund Freud: Leben und Entwicklung der Lehre

Sigmund Freud wurde 1856 in Freiberg geboren (das heutige Pribor im heutigen Tschechien) in geboren. Seine Mutter Amalia war die zweite Frau seines Vaters und zwanzig Jahre jünger als er. Der Vater, Jakob Freud, war zum Zeitpunkt der Geburt seines Sohnes vierzig Jahre alt. Er betätigte sich als Händler von Textilien, vorwiegend Wolle. Beide Elternteile waren Juden und tauften ihren Sohn auf den Namen Sigismund Schlomo. Damit taten sie ihm keinen Gefallen, wie sich später zeigte. Freud mochte seinen Vornamen nicht und änderte ihn als junger Mann in Sigmund um.

Trotz der Zugehörigkeit zum Judentum erzogen die Eltern ihre Kinder nicht religiös. Freud wurde im Erwachsenenalter bekennender Atheist, wenngleich er das Judentum als seinen kulturellen Hintergrund ansah. Er setzte sich mit Religion auseinander und sagte dazu, dass er Religion für eine Illusion hielt, die ihre Stärke aus der Tatsache bezieht, dass sie auf die instinktiven Wünsche der Menschen reagiert.

Im Jahr 1860 verließ die Familie Freuds Geburtsstadt, weil dem Vater geschäftlicher Erfolg versagt blieb. Man siedelte sich in Wien an. Freud bekam noch sieben Geschwister, doch als erstgeborener Sohn blieb er stets der Liebling seiner Mutter. Er selbst kommentierte das später einmal mit der Aussage (sinngemäß): „Ich bin der Ansicht, dass Menschen, die von der Mutter bevorzugt wurden oder ihr Liebling waren, im Leben eine besondere Art von Selbstvertrauen zeigen sowie einen unerschütterlichen Optimismus, was ihnen zum Erfolg verhilft."

Freud beendet mit sehr guten Ergebnissen seine schulische Laufbahn und beginnt als Siebzehnjähriger ein Medizinstudium an der Universität Wien, das er mit einer **Promotion im Jahr 1881** abschließt, nachdem er einen einjährigen Militärdienst abgeleistet hat. Seine Doktorarbeit beschäftigt sich mit dem Rückenmark bei Fischen, da er sowohl an Zoologie wie an Neurologie interessiert war. Nun lässt er sich im Allgemeinen Krankenhaus in Wien anstellen, wo er einen Job im Labor erhält. Hier hat er die Gelegenheit, sich mit der Funktionsweise des Gehirns und des Nervensystems zu beschäftigen, was ihn lebhaft interessiert.

1882 verliebt er sich unsterblich in die einige Jahre jüngere **Martha Bernays**, deren Vater Rabbiner ist. Beide halten ihre Liebe und sogar ihre Verlobung geheim, weil sie keine Grundlage für einen Lebensunterhalt haben. Der Braut hätte keine Mitgift zur Verfügung gestanden, dem Bräutigam kein hinreichendes Gehalt. Darunter litt Freud sehr. In einem Brief schreibt er (sinngemäß): „Mein süßes Mädchen, es bereitet mir viel Schmerz, wenn ich daran denke, dass ich nicht genug Vermögen besitze, dir meine Liebe zu zeigen."

Freud strebt nun an, **als Arzt zu praktizieren**, um eine Familie gründen zu können. Das war nicht unbedingt sein berufliches Ziel, er hätte sich im Grunde lieber wissenschaftlichen Forschungen gewidmet. Ab 1882 ist er drei Jahre lang an Studien zur Wirkung von Kokain beteiligt. Diese Arbeiten führen zu der Entdeckung, dass Kokain Schmerzen stillt, und tragen viel zur Entwicklung der Lokal-anästhesie bei (örtliche Betäubung, die die Wahrnehmung von Schmerzen ausschaltet).

Um einem Freund zu helfen, seine Abhängigkeit von Morphium wegen starken Schmerzen zu beenden, unter denen er aufgrund einer Daumenamputation litt, verabreichte Freud ihm Kokain. Das stoppte die Abhängigkeit vom Morphium, führte jedoch zur Abhängigkeit von Kokain. Freud verordnete auch bei relativ leichten Schmerzen Kokain, da die Substanz noch nicht hinreichend erforscht war.

Ab 1885 ist Freud sieben Jahre lang Dozent für Neuropathologie an der Universität in Wien. In den Jahren 1885 und 1886 unternimmt er eine Studienreise nach Paris, wo er sich in der Nervenklinik des renommierten Professors Martin Charcot (1825 – 1893) ausführlich über Hysterie informiert. Charcot behandelt seine Patientinnen mit Hypnose. Das weckt Freuds Interesse.

Sigmund Freud und Martha Bernays heiraten im Jahr 1886. Obwohl es eine Liebesheirat ist, sagt man Freud später ein Verhältnis mit der Schwester seiner Frau nach. Interessanterweise gab es sogar eine verwandtschaftliche Verbindung zwischen den Familien von Sigmund Freud und Martha Barnays. Die beiden hatten einen gemeinsamen Neffen, den Sohn aus der Ehe jeweils eines ihrer Geschwister.

Freud etabliert sich nun als Neurologe in Wien und kann mit den Einkünften seiner Arztpraxis eine Familie ernähren. Die vergrößert sich schnell, bis zum Jahr 1895 kommen drei Jungen und drei Mädchen zur Welt. Freud findet insbesondere zu seinen Söhnen keinen guten Bezug. Allerdings lebt die Familie die klassische Rollenverteilung, wobei die Mutter sich um die Erziehung kümmert. Zur jüngsten Tochter Anna jedoch hat Freud einen guten Draht, sie führt später sein Werk fort. Anna Freud (1895 bis 1982) sollte eine angesehene Psychoanalytikerin auf dem Gebiet der Kinder-Analyse werden.

Freud wird Gründer der Psychoanalyse und entwirft eine ausgiebige Theorie dazu. Er wirkt in seiner Praxis, entwickelt seine psychoanalytische Arbeit immer weiter und betreibt entsprechende Studien dazu. Dafür unterzieht er sich sogar einer Eigenanalyse. Anstelle der Anwendung von Hypnose bei der Therapie von neurotischen Personen, die er bei Charcot kennengelernt hatte und die als innovativ galt, setzt er auf die freie Assoziation. Patienten und Patientinnen sollen frei über das reden, was ihnen an Gedankenverbindungen einfällt. Dazu veröffentlicht er verschiedene Fallstudien.

Hinzu kommen seine Arbeit und seine Theorie zur Deutung von Träumen. Die Schrift „Die Traumdeutung" aus dem Jahr 1900 gehört zu seinen wichtigsten Texten. 1905 folgt „Drei Abhandlungen zur Sexualtheorie" und erhält ebenfalls viel Aufmerksamkeit. Diese beiden Schriften werden in kurzer Zeit weltweit bekannt.

Von Anfang an entwickelt Freud die Vorstellung, dass der Sexualtrieb eine entscheidende Rolle in der Entwicklung einer Person spielt, und zwar von Kindheit an. Bereits beim Kind konstatiert er erotische Impulse. Er sieht die Triebenergie, die er **Libido** nennt, als die größte Antriebskraft des menschlichen Verhaltens an. Bei künstlerischen Leistungen trifft das nach seiner Analyse auch zu, weil Künstler die Libido in Energie für ihre Schaffenskraft umwandeln. Das kann durch unbewusste Prozesse geschehen.

Freud geht davon aus, dass das Unterbewusstsein viele Handlungen bestimmt. Wird die Entwicklung des Kindes unter dem Gesichtspunkt der Libido gestört, so können sich psychische Krankheiten entwickeln. Die Aufgabe des Therapeuten ist es dann, verdrängte und in Vergessenheit geratene Kindheitserinnerungen wieder wachzurufen. Dazu dienen die Analyse von Träumen und die freie Assoziation. Dadurch kann Heilung erfolgen.

Freud findet auf internationaler Ebene viel Aufmerksamkeit und Anerkennung. Als er im Jahr 1909 eine Einladung zu Vorträgen von der amerikanischen privaten Clark Universität in Worcester, Massachusetts, erhält, lehnt er zunächst ab. Doch ein Freund überredet ihn, anzunehmen, und er unternimmt seine einzige Reise in die USA. Er referiert über die Entwicklung der Psychoanalyse. Später kommentiert er das Ereignis (sinngemäß): „Als ich auf die Bühne trat, fühlte es sich wie das Wahrwerden eines unglaublichen Traums an. Die Psychoanalyse war nicht länger ein Produkt der reinen Einbildung, sie war ein wertvoller Teil der Realität geworden."

Er gründet 1910 das „Zentralblatt für Psychoanalyse" und die „Internationale Psychoanalytische Vereinigung" und 1919 den „Internationalen Psychoanalytischen Verlag". Die ersehnte Berufung zum Ordentlichen Professor im Fach der Psychopathologie (Lehre von den seelischen/psychischen Leiden) an der Universität Wien erhält er erst 1902, nachdem er fast zwei Jahrzehnte darauf gewartet hat. Trotz des Respekts, den die Fachwelt ihm entgegenbrachte, war es der Universität zu viel an Sexualtheorie.

Freuds Ideen waren für eine Zeit, in der man über Sexualität nicht sprach und sexuelle Aktivitäten nach der herrschenden christlichen Morallehre nur in die Ehe – zwischen Mann und Frau – gehörten, revolutionär. Unter diesem Gesichtspunkt ist es der große Verdienst von Freud, Sexualität ins öffentliche Bewusstsein zu rücken und sie diskussionsfähig zu machen.

Freud hielt auch Homosexualität nicht für eine Krankheit, womit er seiner Zeit um mehr als hundert Jahre voraus war. Der Mutter eines homosexuellen Sohnes, die ihn um Rat bat, schrieb er, dass er die sexuelle Orientierung weder für eine schlechte Angewohnheit noch für eine Form von Entartung der Sexualität hielt, sondern für eine Variante der Sexualfunktion. Er verwies darauf, dass es in der Geschichte große Künstler und Philosophen mit der gleichen Veranlagung gab, als Beispiel nannte er Leonardo da Vinci. Für den Fall einer Psychoanalyse, betonte er, käme es darauf an, den Sohn zu einer Person zu machen, die den Frieden mit sich selbst findet, unabhängig von der sexuellen Orientierung. Freud betrachtete die Analyse als ein Mittel, um einem Menschen zu helfen, und nicht, um ihn umzupolen.

Freud glaubte, dass Homosexualität durch eine Fehlfunktion im Sinne einer Blockade während der kindlichen Entwicklung ausgelöst wird. Er weigerte sich nicht, homosexuelle Menschen mit dem Ziel zu behandeln, eine Umorientierung zur Heterosexualität zu erreichen, doch nur auf Wunsch des Patienten. Mit seiner These, man bräuchte homosexuelle Menschen nicht zu behandeln, um sie von ihrer „Krankheit" zu „heilen", stand er so gut wie allein. Die Umpolung eines homosexuellen in einen heterosexuellen Mann hielt er für größtenteils aussichtslos und dazu in vielen Fällen für eine schmerzhafte Erfahrung (Homosexualität von Frauen stand außerhalb der Diskussion).

An Freuds Lehre kam kein Psychologe und Therapeut mehr vorbei, wenn auch viele Nachfolger Änderungen einführten. Sie wurde die **Grundlage für die Psychoanalyse, die man heute noch als Heilmethode anwendet.** Die Theorie geht davon aus, dass **Ereignisse in der Kindheit** sowie Gefühle, Gedanken und Motivationen, die im Unterbewusstsein verborgen sind, eine große Rolle für die seelische/geistige Gesundheit spielen. Traumatische und belastende Kindheitserlebnisse und verdrängte Emotionen können zu Krankheiten und unerwünschten Verhaltensweisen führen. Sie ins Bewusstsein zu holen ist ein wesentlicher Beitrag zur Heilung und Aufgabe des Psychoanalytikers. Daher stehen die ungefilterten Äußerungen des Patienten bei seiner Therapie im Vordergrund. Davon geht man heute noch aus, wenn auch die Methoden Freuds mehr oder weniger ausführlich angewendet werden.

Freud ist sein Leben lang starker Raucher. Im Alter von 66 Jahren erkrankt er an Mundkrebs. In den Folgejahren muss er sich mehr als 30 Mal operieren lassen. Doch bis zu seinem Tod gibt er das Zigarrenrauchen nicht auf.

1933 nimmt Freud den „**Goethepreis**" der Stadt Frankfurt am Main entgegen. Es gibt Proteste von Antisemiten. Drei Jahre später veröffentlicht er zusammen mit **Albert Einstein (1879 bis 1955)** den Schriftwechsel der beiden mit dem Titel „**Warum Krieg?**". Im selben Jahr brennen die Bücher von Sigmund Freud auf den Scheiterhaufen der Nationalsozialisten anlässlich einer groß angelegten Bücherverbrennungsaktion in Deutschland. Er kommentierte dieses Ereignis mit dem Hinweis, was für einen Fortschritt die Menschen doch gemacht hätte. Im Mittelalter hätten sie ihn selbst verbrannt, nun wären sie damit zufrieden, seine Schriften zu verbrennen.

Zwei Jahre später macht die Englische Royal Society of Medicine, eine Organisation britischer Mediziner, ihn zu ihrem Ehrenmitglied.

Durch den Einmarsch Adolf Hitlers in Österreich sind Freud und seine Familie akut gefährdet. Er und seine jüngste Tochter Anna werden Verhören der Geheimen Staatspolizei unterzogen. Ein Freund kann ihn und seine Familie retten und nach England bringen, doch vier seiner jüngeren Geschwister fallen den Nationalsozialisten zum Opfer und sterben in Konzentrationslagern.

Freud praktiziert bis zu seinem Tod in London. Als er die Schmerzen, die ihm der Krebs verursacht, nicht mehr aushält, bittet er seinen Arzt, ihm eine tödliche Dosis Morphium zu verabreichen. Der Arzt kommt dem Hilfegesuch nach, indem er ihm drei Portionen zur Verfügung stellt, die zusammen tödlich wirken und die er einnimmt.

2. Psychische Faktoren nach Freud

Prägende Instanzen

Freud nahm drei psychische Faktoren an, die jede Person prägen und im Leben eines Menschen wirken. Je nach Erziehung und Charakter gestalten sie sich unterschiedlich, wobei er einen großen Einfluss in der Kindheit sah.

Erste Instanz: Das Es

Das „Es" steht für das Unbewusste, die Psyche. In ihm leben die Ur-Instinkte und grundlegenden Bedürfnisse sowie alles Triebhafte.

Das Es ist angeboren und enthält als wichtigen Trieb den Sexualtrieb.

Zweite Instanz: Das *Über*-Ich

Das „Über-Ich" entsteht durch Erziehung, vor allem der Eltern, und Einflüsse anderer/weiterer Bezugspersonen, die an der Erziehung beteiligt sind. Es ist die Instanz, in der die Wertvorstellungen entstehen. Das Über-Ich steuert den Menschen im Leben, indem es dafür sorgt, dass er die Werte und Normen einhält und umsetzt, die ihm anerzogen wurden. Es ist damit die moralische Instanz eines Menschen. In ihm ist auch das Gewissen verankert.

Da die meisten Werte verinnerlicht sind, enthält das Ich nicht nur das Bewusstsein, sondern auch unbewusste Teile. Daneben spricht die Psychoanalyse auch von vorbewussten Anteilen, die dem Menschen weder völlig klar sind noch völlig im Dunkeln des Unbewussten verharren. Das Über-Ich sorgt dafür, dass Menschen gesellschaftlichen Ansprüchen gerecht werden und ihre Lebensweise so gestalten, dass man sie allgemein akzeptieren kann. Es sorgt für Pflichterfüllungen wie das Verrichten der täglichen Arbeit und Fürsorge für Menschen, die einem anvertraut sind.

Das Über-Ich fordert Verhaltensweisen, die sowohl realistisch wie auch akzeptabel sind, während das Es darauf drängt, Überlegungen beiseite zulassen und Bedürfnisse zu befriedigen.

Naturgemäß gerät das Über-Ich in Widerstreit mit dem Es, das nach bedingungsloser und unmittelbarer Befriedigung trachtet. So stehen sich bei manchen Entscheidungen Denkvorgänge, die moralisches Handeln einbeziehen, und der Drang nach Befriedigung eines Triebs gegenüber. Zu den Trieben gehören neben dem Sexualtrieb auch Hunger und Durst.

Dritte Instanz: Das Ich

Das „Ich" ist der Entscheider zwischen Es und Über-Ich. Es stellt die bewusste Persönlichkeit dar. Das Ich widmet sich dem, was das Es will, und dem, was das Über-Ich will und versucht zu vermitteln. Beide sollen nicht unterdrückt werden. Freud glaubte, dass aus der Unausgewogenheit der Entscheidung des Ich viele psychische Krankheiten entstehen.

Gleichzeitig hat das Ich die Realität im Blick. Unrealistische

Forderungen müssen abgewehrt werden. Bei nicht realisierbaren oder übermäßigen Wünschen des Über-Ichs oder des Es, die das Ich nicht bewältigen oder denen es nicht gerecht werden kann, greift es zu Abwehrmechanismen. Beispielsweise kann es sie verdrängen, was zur Folge hat, dass die Wünsche oder Bedürfnisse nicht mehr bewusst sind.

Ist die Verdrängung zu stark, kann sie zu unliebsamen Erscheinungen führen und die Forderungen aus den psychischen Instanzen können sich auf schädliche Weise zum Durchbruch verhelfen, zum Schaden der eigenen Person oder dem anderer. Werden die Prozesse so schlimm, dass Krankheit entsteht, so ist das ein Fall für die Psychoanalyse. Das Ich enthält also nicht nur bewusste, sondern auch unbewusste Anteile.

Zusammenwirken der Instanzen

Freud hatte einen Vergleich parat, um zu erklären, wie die psychischen Instanzen wirken. Vor allem das Es bereitet dem Menschen wegen seinem Drängen nach Triebbefriedigung Probleme. Freud verglich es mit einem Pferd, das ungezügelt seine Freiheit sucht, und das Ich mit dem Reiter, der sinnvoll und angemessen mit ihm umgeht.

Grundsätzlich spielen Es, Ich und Über-Ich immer zusammen und dürfen nicht getrennt gedacht werden. Sie begleiten das Denken und Handeln und sind wichtige Elemente bei Interaktionen mit anderen Menschen.

3. Entwicklungspsychologie Freuds

Entwicklung in Phasen

Die Entwicklungspsychologie Freuds bezieht sich auf die **psychosexuelle Entwicklung bei Kindern.** Freud geht davon aus, dass das Kind seine Persönlichkeit entwickelt, indem es verschiedene Stadien durchläuft. Für ihn steht dabei der **Sexualtrieb** als treibende Kraft im Vordergrund. Das Kind sucht von Anfang an **Befriedigung seiner Lustgefühle.** Daher legt es einen Fokus auf seine erogenen Zonen. Eine erogene Zone ist besonders empfänglich für Stimulation. Da der Sexualtrieb die psychische Entwicklung beeinflusst, durchläuft das Kind psychosexuelle Entwicklungsstufen, in der es verschiedene Formen von Lustgefühlen entwickelt und befriedigen will. Diese treibende Energie wird **Libido** genannt.

Die Theorie der Psychoanalyse verortet die besonders entscheidende Phase, in der die Grundlagen für die Persönlichkeitsmerkmale eines Menschen gelegt werden, in das Alter von etwa **fünf Jahren.** Doch Störungen können auch in anderen Entwicklungsstufen und zu anderen Zeitpunkten auftreten. Je stärker die Störungen sind, desto größer ist die Wahrscheinlichkeit, eine psychische Beeinträchtigung zu entwickeln. Verläufe der kindlichen Entwicklung, die im Wesentlichen störungsfrei sind, führen zu einer gesunden Persönlichkeit. Freud unterscheidet fünf Phasen der Entwicklung.

Phase 1: Die orale Phase

Die orale Phase beginnt bei der Geburt und endet nach 12 bis 18 Monaten. In dieser Phase ist der Mund die erogene Zone des Babys. Saugen und Bewegungen mit dem Mund bereiten ihm Lustgefühle. Der Saugreflex ist in diesem Zusammenhang eine wichtige biologische Funktion. Auch Schmecken bereitet ihm angenehme Gefühle. Das Stillen stellt die Ressource zur Lustbefriedigung zur Verfügung und bedient Saugen und Schmecken gleichermaßen. Daher ist der erste Konflikt, den ein Baby in seinem Leben erfährt, oftmals das Ausbleiben des Stillen. Es muss sich nun schon ein wenig unabhängig von einer begehrten Lustquelle machen.

Werden die Bedürfnisse des Kindes nicht hinreichend befriedigt, kann es zum Zustand der Fixierung auf die begehrte Befriedigung kommen. In der oralen Phase ist es vor allem das Erlebnis, nicht zeitnah gefüttert zu werden, wenn Hunger auftritt. Die Triebinstanz „Es" regiert die Welt des Kindes, es verlangt nach sofortiger Bedürfnisbefriedigung. Das Kind ist nicht in der Lage, seinen Verstand einzuschalten und sich gut zuzureden, dass noch jemand kommen und seinen Hunger stillen wird. Noch schlimmer ist selbstverständlich, wenn ein Kind nicht genügend Nahrung erhält.

Störungen im Sinne einer Fixierung in der oralen Phase können zu verschiedenen Erscheinungsbildern im späteren Leben führen, z. B. Trink- oder Esssucht. Weiterhin kann Nägelkauen auftreten. Darin zeigt sich das Bedürfnis nach Lustgewinn, der durch Betätigungen mit dem Mund, verbunden mit Kauen oder Nahrungsaufnahme, entstehen soll. Die Fixierung kann sich aber auch in Streitlust und Tendenz zu Verbalattacken äußern. Zudem geht Freud davon aus, dass auch viele Menschen mit diesem Defizit leichtgläubig werden können und leicht in Abhängigkeiten geraten. Fixierungen in der oralen Phase können auch zu einer narzisstischen Persönlichkeit (Selbstverliebtheit) führen.

Gleichzeitig erhalten alle Menschen sich eine gesunde Lust an der Stimulation des Mundes, wie sie beim Küssen praktiziert wird.

Phase 2: Die anale Phase

Die anale Phase schließt sich an die orale an und dauert dann etwa bis drei Jahre. Freud geht davon aus, dass der Fokus des Lustgewinns und damit die Stimulation für die erogene Zone in der Kontrolle der Blase und des Darms liegt. Zurückhalten und Ausscheiden von Fäkalien bereitet dem Kind angenehme Gefühle im Sinne der kindlichen Libido. In dieser Phase ist es entscheidend, wie Eltern reagieren. Kinder, die gelobt werden, wenn sie die Toilette benutzen, können sich gut entwickeln, weil sie das Gefühl von Leistungsfähigkeit bekommen. Sie können kreative und kompetente Mitglieder der Gesellschaft werden.

Ein weiteres Kriterium ist, dass die Eltern nicht zu früh oder zu spät auf Reinlichkeit drängen. Wenn Kinder die Erfahrung machen, dass sie nicht genügend unterstützt und gelobt werden, kann es zu einer Anal-Fixierung kommen. Das kann beispielsweise so sein, wenn die Kinder bestraft oder lächerlich gemacht werden, falls sie nicht in der erwünschten Weise oder schnell genug den Toilettengang erlernen.

Freud nimmt zwei grundlegende Fehler an. Sind die Eltern in der analen Phase zu nachlässig, dann äußert sich die spätere Anal-Fixierung in der Tendenz, sehr unordentlich bis chaotisch zu sein bis hin zu einer zerstörerischen Neigung. Sind die Eltern jedoch zu streng, so äußert sich die Fixierung in pedantischen Charakterzügen, Detailverliebtheit und/oder Zwängen.

Phase 3: Die phallische Phase

Die phallische Phase bei Jungen

Die phallische Phase schließt sich an die anale Phase an und dauert dann bis etwa zum Ende des fünften Lebensjahres. Die erogene Zone sind in der phallischen Phase die Genitalien. Das Kind ist in ein Alter gekommen, in dem es sie an seinem Körper bewusst wahrnimmt. Es macht auch die Erfahrung, dass es verschiedene Geschlechter gibt. In dem Zuge, in dem das Kind seine Genitalien entdeckt, spürt es, dass die Stimulation Lustgewinn mit sich bringt.

Freud stellte die These auf, dass das Kind nun den gegengeschlechtlichen Elternteil begehrt, ein Junge also die Mutter. Die Aufmerksamkeit der Libido ist mit der Mutter auf eine Person gerichtet, die bereits vergeben ist, nämlich an den Vater. Deshalb fürchtet der Junge, dass der Vater ihn wegen seines unerlaubten Begehrens bestrafen wird. Da es sich um das Bedürfnis handelt, den Sexualtrieb zu befriedigen, trifft die vorgestellte Strafe die Genitalien. Der Junge fürchtet sich davor, dass der Vater sie ihm wegnehmen, ihn also kastrieren will. Diese Furcht nennt Freud „Kastrationsangst".

Diese Angst muss im Verlauf der psychischen Entwicklung des Kindes überwunden werden. Das wird möglich, indem der Junge seine

Ängste gegenüber dem Vater kompensiert. Er unterdrückt sein Begehren, das er der Mutter gegenüber spürt, und identifiziert sich mit dem Vater. Der Vater würde das Auftreten eines Rivalen nicht erlauben, und er hat die Macht zu strafen. Dadurch, dass der Junge nun psychisch die Rolle des Vaters einnimmt, der darüber entscheidet, was gut und was böse ist, entwickelt das Kind sein Über-Ich. Diese psychische Instanz wirkt nun auf seine Entscheidungen und sein Handeln ein. Die Basis für die Moral des Kindes ist damit geschaffen.

Die phallische Phase bei Mädchen

Wie läuft dieser Prozess bei Mädchen ab? Freud sah grundsätzlich die gleiche Tendenz. Das Kind begehrt den Vater und sieht die Mutter als Konkurrentin. Es will den Vater jedoch verführen, um in irgendeiner Form in „Besitz" seines Penis zu gelangen, der nur der Mutter zugänglich ist. Es unterdrückt seinen inneren Aufruhr gegenüber der Mutter schließlich und identifiziert sich mit ihr. Auch das Mädchen entwickelt dadurch sein Über-Ich, doch gleichzeitig bleibt das Verlangen nach dem Besitz eines Penis bestehen. Freud prägte dafür den Begriff **„Penisneid"**. In dem Zusammenwirken dieses Neids und der Entstehung des weiblichen Über-Ichs sah er die Konsequenz, dass Frauen ein weniger kraftvolles Über-Ich entwickeln. Daraus ergibt sich in der Folgerung, dass Frauen über weniger Moral verfügen, denn das Über-Ich wird die moralische Instanz des Menschen.

Kritik an Freuds Theorie der phallischen Phase

Die Beurteilung von Mädchen in der phallischen Phase und die Folgerungen daraus brachten Freud eine Menge Kritik ein, je weiter die

Emanzipation der Frauen voranschritt. Einerseits war die wissenschaftliche Kritik an ihm oft, dass seine Thesen auf rein empirischen (durch Beobachtung erschlossenen) Studien beruhten, die man nicht überprüfen könnte. Andererseits gab es mehr und mehr Kritik von weiblichen Forscherinnen und Frauenrechtlerinnen. Karen Horney (1885 bis 1952) beispielsweise stellte eine radikale Gegenthese auf. Frauen hätten keinen Penisneid, sondern Männern wären neidisch auf die Fähigkeit der Frauen zu gebären, was sie „Gebärmutterneid" nannte. Auch die Behauptung, Frauen hätten ein geringeres Verständnis von Moral, wurde in der Forschung mehr und mehr abgelehnt.

Freud schilderte seine eigene phallische Phase als leidvoll. Er erinnerte sich daran, dass er seine Mutter begehrte und seinen Vater als Rivalen für die mütterliche Liebe ansah, was ihn emotional belastete. Noch im Erwachsenenalter wurde er von Gefühlen wie Scham und Schuld geplagt, die nach dem Tod seines Vaters im Jahr 1986 massiv auftraten.

Freud forschte in einer Zeit, in der die Überordnung der Männer über Frauen selbstverständlich war. Frauen hatten weniger Rechte. In der herrschenden Moralvorstellung brachte man Frauen auch nicht mit eigener sexueller Lust in Verbindung und in der Folge auch nicht mit Triebbefriedigung. Insofern waren Freuds Thesen, gemessen an den herrschenden Verhältnissen, gewagt und innovativ. Frauen und dann auch noch Kinder im Zusammenhang mit Sexualität zu sehen und dann noch genauer hinzuschauen, was die Unterdrückung von Sexualität bewirken kann, hatte vorher noch niemand auch nur in Erwägung gezogen.

Freud selbst sagte von sich, trotz seiner dreißigjährigen Studien über die weibliche Psyche hätte er „keine Antwort auf die Frage gefunden, was eine Frau möchte". Er war kein Anhänger, sondern eher ein Gegner der Frauenbewegung und sah die Rolle und die Sexualität einer Frau primär in der Aufgabe, die **biologische Reproduktion** sicherzustellen. Gleichzeitig versuchte er in seiner Laufbahn in vielen Fällen, Frauen im Sinne seiner Sexualtheorie und mithilfe der Psychoanalyse von psychischen Leiden zu befreien.

Freud war ansonsten ein **Kulturpessimist**. Er war der Ansicht, dass man kaum annehmen dürfte, im Schöpfungsplan einen Hinweis darauf zu finden, dass Menschen glücklich sein sollten.

Begrifflichkeiten und deren Hintergrund

Ödipuskomplex und Elektrakomplex

Für die psychische Situation, in die Kinder in der phallischen Phase geraten, prägte Freud den Begriff „Ödipuskomplex". Im Laufe der Zeit bezog man ihn immer mehr auf die männlichen Kinder, für die weiblichen wurde der Begriff „Elektrakomplex" geprägt, und zwar von dem Schweizer Psychiater und analytischen Psychologen **Carl Gustav Jung (1875 – 1961)**, der einige Jahre lang zu Freuds Mitarbeitern gezählt hatte, dann aber seine eigene Theorie entwarf. Da sich in der griechischen Mythologie viele psychologische Faktoren finden, ist es kein Zufall, dass die beiden Begriffe daraus entnommen wurden.

Mythologische Grundlagen

Die Mythen von Ödipus und Elektra entstammen der griechischen Mythologie.

Die Mythologie von *Ödipus*

König Laios und seine Gemahlin Iokaste herrschen über Theben. Sie sind ungewollt kinderlos geblieben, worunter sie leiden. Laios befragt das Orakel von Delphi und erhält die Information, dass er einen Sohn bekommen wird, der eines Tages seine beiden Eltern tötet.

Als das Paar tatsächlich einen Sohn bekommt, soll ein Hirte ihn töten. Er tut das jedoch nicht, sondern nennt ihn Ödipus und bringt ihn an den Hof des Königs Korinth, der ihn adoptiert und gut für ihn sorgt. Als er fast erwachsen ist, kommt ihm das Gerücht zu Ohren, dass er adoptiert sein könnte. Deshalb befragt auch er das Orakel. Die Seherin teilt ihm mit, er würde seinen Vater töten und seine eigene Mutter heiraten.

Er geht davon aus, dass das Königspaar von Korinth gemeint ist, die er nun meidet und nach Theben reist. Unterwegs gerät er in Streit mit einem anderen Reisenden, den er im Zuge der Auseinandersetzung tötet. Es handelt sich um Laios, seinen leiblichen Vater. Auf dem weiteren Reiseweg begegnet ihm ein Ungeheuer, unter dem die Thebaner leiden und das er besiegt. In Theben angekommen, feiert man ihn deshalb als Helden. Der dort herrschende König, der nur als Zwischen-Regent an der Macht ist, holt ihn zu sich. Um sich erkenntlich zu zeigen, vermittelt er ihm seine Schwester als Ehefrau. Es handelt sich jedoch um Iokaste, die jetzt Witwe ist.

Ödipus hatte nun, entsprechend der Weissagung, seinen Vater getötet und seine Mutter geheiratet.

Im Verlauf des Mythos bringt die Ehe vier Kinder hervor, bevor sowohl Ödipus wie auch die Thebaner die Wahrheit erfahren. Seine Mutter begeht Selbstmord, er stirbt bald danach aus Verzweiflung.

Der Mythos von Elektra

Agamemnon gilt als harter Herrscher von Mykene und ist ein erfolgreicher griechischer Armee-Führer. Ihn trifft ein hartes Schicksal. Seine Frau Klytämnestra hat einen Geliebten und lässt ihren Ehemann töten, sobald er von einer Schlacht aus dem Trojanischen Krieg wieder zu Hause ist. Auch seine Kinder will sie töten lassen, doch Agamemnons Sohn Orestes und seine Tochter Elektra entkommen der mordlüsternen Klytämnestra. Elektra will zunächst ihre Schwester anstiften, die Mutter zu ermorden, doch die lehnt ab.

Das Orakel von Delphi weist Orest an, seinen Vater zu rächen. Er kehrt nach Hause zurück. Mithilfe seiner Schwester Elektra tötet er seine Mutter. Muttermord galt in der griechischen Antike als eines der schwersten Verbrechen überhaupt.

Phase 4: Die Latenzzeit

Die Latenzzeit währt vom Ende der phallischen Phase, also mit circa sechs Jahren, bis zum Eintritt der Pubertät. Sie ist dadurch gekennzeichnet, dass der Sexualtrieb in den Hintergrund gerät. Nach der traumatischen Erfahrung im ödipalen Stadium braucht die Psyche Erholung. Sie etabliert und festigt das Über-Ich, während das Es durch Verdrängung und zum Teil auch Unterdrückung im Zaum gehalten wird.

Das Kind kann nun unbeeinträchtigt die Verhaltensweisen entwickeln, die in der Gesellschaft gefragt sind. Es bevorzugt Peer-Gruppen mit Mitgliedern des gleichen Geschlechts. Der Eintritt in die Schule fördert den Aufbau von sozialen Beziehungen außerhalb der Familie. Der Sexualtrieb bleibt teilweise einfach passiv, teilweise wird er verdrängt und dann in umgewandelter Form genutzt, zum Beispiel zur Weiterentwicklung von Fähigkeiten, die in der Schule und der weiteren sozialen Umwelt gefragt sind. Diese Kompensation ist wichtig, damit verdrängte Sexualenergie nicht zum krankmachenden Faktor wird.

Bleibt ein Kind in der Phase der Latenzzeit stecken, so entwickelt sich nach Freud auch hier eine Fixierung, und die Folge zeigt sich im Erwachsenenleben als Unreife oder Unfähigkeit, Bindungen einzugehen und ein zuverlässiger Partner in einer Beziehung zu werden.

Phase 5: Die genitale Phase

Während der Pubertät meldet der Sexualtrieb sich wieder zu Wort. Der Mensch wird reif für eine partnerschaftliche Beziehung, was für Freud an dieser Stelle eine heterosexuelle Partnerschaft (mit dem Ziel der Ehe und Hervorbringen von Kindern) bedeutet.

Freud konstatiert von der Pubertät an ein ausgeprägtes sexuelles Interesse am anderen Geschlecht. Gleichzeitig sieht er, dass man sich von der Pubertät an mehr für andere Menschen interessiert und bei den Handlungen das Wohl der Mitmenschen mehr und mehr einbezieht. Hat ein Kind und Jugendlicher alle Phasen erfolgreich durchlaufen, so entwickelt er sich zu einem vollwertigen Mitglied der Gesellschaft, das eine gute innere Balance hat.

Nach der Pubertät ist der Mensch in der Lage, mit seinen psychosexuellen Instanzen Es, Ich und Über-Ich sinnvoll und verantwortlich umzugehen.

XII. Entwicklungspsychologie nach Erikson

1. Erik Erikson (1902 – 1994): Leben und Entwicklung der Lehre

Erik H. Erikson orientierte sich grundsätzlich zwar an der Freud-schen Theorie, legte aber viel mehr Wert auf soziale Faktoren. Er entwickelte ein eigenes Modell, das ohne die Erkenntnisse Freuds aber nie zustande gekommen wäre. Deshalb zählt man ihn zu den „Neo-Freudianern".

Erikson wird als uneheliches Kind einer dänischen Jüdin geboren, die während der Schwangerschaft nach Deutschland übersiedelte, um diese Tatsache zu verschleiern.

Als er drei Jahre alt ist, heiratet seine Mutter einen jüdischen Arzt, dessen Nachname Homburger ihm nun auch zuteilwird. In seiner Kindheit begleiten ihn zwei Schwestern, von denen er lange nicht weiß, dass es seine Stiefgeschwister sind. Seine Mutter klärt ihn weder über diese Tatsache noch über seinen leiblichen Vater auf. Es bleibt ihm jedoch nicht verborgen, dass er das einzige Familienmit-glied mit blonden Haaren und blauen Augen ist. Als er später von den Zusammenhängen erfährt, seine Mutter ihm aber zeitlebens die Auskunft über seinen Vater verweigert, entwickelt er einen erhebli-chen Leidensdruck. Als junger Mann leidet er sogar unter Depressi-onen.

Erikson studiert nach dem erfolgreichen Absolvieren der Schule Kunst. Einige Jahre lang reist er durch die Welt und lebt davon, dass er seine Zeichnungen verkauft. 1929 trifft er in Wien auf die künstlerisch begabte Kanadierin Joan Serson. Kurz vorher lernt er Anna Freud kennen, was sein berufliches Leben grundlegend beeinflusst. Zunächst unterzieht er sich einer Lehr-Analyse bei ihr, dann nimmt er das Angebot Sigmund Freuds, sich zum Psychoanalytiker ausbilden zu lassen, an. Das ist eine enorme Ehre und zeugt von Freuds großem Vertrauen in die Fähigkeiten Eriksons, denn ohne die ausdrückliche Zustimmung Freuds wird an der Schule für Psychoanalyse zu dieser Zeit niemand ausgebildet.

Zwei Jahre später heiraten Erikson und Serson. Sie bekommen vier Kinder. Beim vierten Kind im Jahr 1944 ist nach der Geburt erkennbar, dass es das Down-Syndrom hat. Erikson nimmt das Kind ohne Wissen seiner Frau an sich und sagt ihr, es wäre tot. Ein Begräbnis findet jedoch nicht statt, sodass sie immer misstrauisch bleibt. Über dieses Ereignis, wie überhaupt die Befindlichkeiten der Personen in der Familie, wird nie gesprochen. Niemand traut sich, dem charismatischen Vater und Ehemann Fragen zu stellen. Doch seine Frau hegt Groll gegen ihn.

Im Jahr 1933 emigriert die jüdische Familie Homburger in die USA, um der nationalsozialistischen Verfolgung zu entgehen. Hier benennt sich Erikson von Homburger in Erikson um, was im Dänischen „Sohn des Erik" bedeutet. Er hat schon immer die Vorstellung gehegt, sein Vater sei ein Spross aus einem dänischen Adelsgeschlecht.

Erikson setzt seine wissenschaftliche Karriere in Amerika erfolgreich fort. U. a. wird er als Kinder-Psychotherapeut tätig und Professor für Entwicklungspsychologie an der renommierten Universität Harvard. Hier entwickelt er auch sein Stufenmodell der psychosozialen Entwicklung, das er auf das Erwachsenenalter ausdehnt.

Erikson geht davon aus, dass ein Mensch acht Stufen durchläuft. In jeder Stufe tritt ein Konflikt auf, den es zu überwinden gilt. Bei Erfolg wird der Mensch psychisch stabil und kann sein Leben bewältigen, sodass das Ego (vergleichbar mit dem Ich bei Freud) angemessen urteilen kann. Bei Misserfolg können Probleme auftreten.

2. Das Stufenmodell der menschlichen Entwicklung nach Erikson

1. Stufe: Vertrauen und Misstrauen

Die erste Stufe umfasst das erste Lebensjahr. Das Baby ist in der hilflosesten Lage seines Lebens. Es ist darauf angewiesen, dass die Mutter (oder andere Bezugspersonen) es mit Nahrung, Wärme und Geborgenheit versorgen und ihm Liebe entgegenbringen. Ist das der Fall, lernt das Baby, dass es vertrauen kann. Es hat gute Voraussetzungen, sich in seinem Leben sicher zu fühlen. Werden seine grundlegenden Bedürfnisse nicht hinreichend erfüllt und mangelt es an liebevoller Zuwendung, so lernt das Baby, dass es Menschen nicht trauen kann. Aus stark vernachlässigten Babys werden Erwachsene, die anderen Menschen mit einem grundlegenden Misstrauen gegenübertreten.

Das Baby macht, auch wenn es gut versorgt wird, die Erfahrung, dass der behütende und nährende Mensch nicht zu jeder Zeit für es da ist. Es wird nicht in jeder Sekunde seines Lebens so versorgt, wie es möchte (wie es im Freudschen Sinne das Es in der oralen Phase fordert). **Babys müssen beide Erfahrungen machen,** dann lernen sie, dass man im Leben Menschen vertrauen kann, aber Misstrauen ab und zu durchaus angebracht ist. So entwickeln sie eine psychisch gesunde Einstellung zu dem, womit sie später zurechtkommen müssen. Das Wichtigste ist, dass die vertrauensvollen Momente, also die Befriedigung der Bedürfnisse nach Versorgung und Nähe, die Überhand behalten. So wird ein **Ur-Vertrauen** erzeugt.

2. Stufe: Autonomie und Schamgefühle

Diese Stufe währt im zweiten und dritte Lebensjahr. Das Kleinkind erkundet seine Umwelt. Es zeigt Vorlieben, was das Essen, die Kleidung und sein Spielzeug angeht. Es trifft also eine Auswahl. Durch die Aktivitäten entwickelt es **Autonomie.** Die Bezugspersonen können das Bestreben gut unterstützen oder ihm durch Verbote entgegenwirken. Auch Erikson maß der Erziehung zur Sauberkeit große Bedeutung bei. Er sah das, was bei Freud der analen Phase entspricht, zwar ebenfalls unter dem Aspekt des Haltens und Loslassens, leitete davon aber eine **allgemeine Selbstständigkeit** ab.

Wird das Kleinkind in dieser Stufe unterstützt, kann es sich psychosozial gut entwickeln. Es kann später Grenzen anerkennen und sein Handeln mit vernünftigen Überlegungen steuern. Wird sein Drang zur Selbstständigkeit jedoch unterdrückt, so drohen Schamgefühle die Oberhand zu gewinnen, und der Mensch kann später unter **Selbstzweifeln** leiden. Auch hierbei kann niemand von **Schamgefühlen** verschont bleiben. Es gilt, dem Kind eine gute Balance zu vermitteln, damit es mit den Gefühlen umgehen kann.

3. Stufe: Initiative und Schuldgefühle

Diese Phase umfasst das **Vorschulalter vom vierten bis zum sechsten Lebensjahr.** Auch Erikson sieht in dieser Phase die Ausprägung frühkindlicher Sexualität, doch er richtet seine Aufmerksamkeit nicht, wie Freud, primär darauf, sondern bezieht sich in erster Linie auf die **Interaktion des Kindes mit der Umwelt.**

Nach seiner Theorie will das Kind sich in dieser Zeit behaupten. Es misst sich im Spiel und weiteren sozialen Situationen mit anderen Kindern. Verläuft diese Stufe gut, dann lernt es, eine gesunde Balance zwischen Selbstbehauptung und Kooperation mit anderen zu entwickeln. Wird das Kind darin unterstützt, sich realistische Ziele zu setzen, dann erwirbt es die Fähigkeit, in den richtigen Situationen **Initiative** zu zeigen, und das Ego wird stabilisiert. Wird es zu sehr zurückgehalten, drohen im weiteren Verlauf der Entwicklung **Schuldgefühle** die Überhand zu gewinnen.

4. Stufe: Leistungsfähigkeit und Minderwertigkeitsgefühle

Diese Stufe währt vom sechsten bis zum elften Lebensjahr (bzw. bis zum Eintritt der Pubertät) und trifft daher mit den ersten Schuljahren zusammen. Die Kinder müssen Anforderungen standhalten und erste **Leistungen** in einer größeren Gemeinschaft erbringen. Es erfolgt ein hoher Lernzuwachs. Sie werden stolz auf das, was sie leisten können und beherrschen. Sowohl die Eltern als auch die Lehrer spornen die Kinder an, in einen Wettbewerb zu bestehen. So entwickeln sie Vertrauen in ihre Fähigkeiten.

Wer keine Unterstützung und Bestätigung in seinen Handlungen und Ergebnissen erhält, glaubt im weiteren Leben viel weniger daran, erfolgreich sein zu können. Kinder lernen in dieser Phase auch, wie man ein Ziel verfolgt. Ohne ausreichende Anerkennung entwickeln sie **Minderwertigkeitsgefühle**. Natürlich machen sie auch die Erfahrung, dass nicht jeder Versuch und jede Anstrengung zum Ziel führt. Eine ausgewogene Haltung zu den Ereignissen zu finden führt zum guten Bewältigen des Stadiums. Das Kind kann Anforderungen, die man an es stellt, nun angemessen begegnen.

5. Stufe: Identität und Konfusion

Diese Stufe umfasst das Jugendalter. Nun entwickelt der junge Mensch seine individuelle Identität. Wie grundsätzlich bei Erikson, spielen hier die sozialen und kulturellen Einflüsse der Umwelt eine große Rolle (während Freud sich intensiver auf das Individuum selbst und die unmittelbaren Kontaktpersonen konzentriert).

Identität umfasst die Glaubenssätze, denen der Jugendliche folgt, die Ideale, die er verehrt und anstrebt, und die allgemeinen Werte, die er seinem Handeln zugrunde legt, also eine moralische Haltung. Was sich in der Jugend als Identität entwickelt, legt die Basis für das spätere Verhalten als Erwachsener. Diese Identität vermittelt dem Menschen das Bewusstsein einer eigenen, in sich stimmigen Persönlichkeit.

Sie wird durch das Zusammenwirken mit anderen Menschen geformt, wobei man Versuche startet und gute und schlechte Erfahrungen macht. Mit dieser Identität geht der Mensch letztlich durchs Leben.

Bei neuen Erfahrungen und Informationen sowie Herausforderungen, denen man begegnet, ändert die Identität sich teilweise im Sinne einer Anpassung an die neu wahrgenommene Realität. Jugendliche machen in dieser Hinsicht sehr viele neue Erfahrungen, weshalb sie um ihre Identität ringen.

Das Ego kristallisiert sich heraus, und zwar großenteils innerhalb der sozialen Interaktionen.

Es ist die Instanz, mit der sich der Jugendliche seines Seins bewusst ist, und wird zu seinem zentralen Steuerungspunkt. Jugendliche entwickeln ein starkes Bedürfnis nach Freiheit und Unabhängigkeit. Dabei setzen sie sich immer wieder aufs Neue mit verschiedenen Wertvorstellungen und Zielsetzungen auseinander. Verläuft dieser Prozess erfolgreich, so ist zum Schluss ein kraftvolles Ego etabliert, das sich sicher und unabhängig fühlt. Der Mensch hat seine Handlungen und seine Interessen unter Kontrolle und kann sowohl zielgerichtet sowie sozial verträglich handeln.

Vollzieht der Prozess sich nicht erfolgreich, so wird die Person unsicher und gerät in Konfusion über sich selbst, die eigenen Ziele und den Lebensweg. Das führt zur Konfusion.

Eine realistische und anstrebenswerte Vorstellung über die persönliche Zukunft kann sich nur schwer (oder nicht) ausprägen. Der Jugendliche findet buchstäblich keine für ihn angemessene Rolle in der Gesellschaft. Eine mögliche Folge ist Suchtverhalten.

Für Erikson kommt es immer darauf an, dass widerstreitende psychische Tendenzen in eine Balance gebracht werden oder die „bessere" Seite dominiert. Es ist unvermeidbar, mit negativen Erfahrungen konfrontiert zu werden, z. B. subjektiv erlebte oder objektive Zurückweisung. Wichtig ist der Ausgleich des Gegenpols, also Zuwendung. Wenn sie überwiegt, ist es umso besser.

Das Stufenmodell beinhaltet noch weitere Stufen. Da sie das Erwachsenenleben betreffen, werden sie der Vollständigkeit halber kurz vorgestellt.

6. Stufe: Intimität und Isolation

Diese Stufe beginnt ca. mit dem neunzehnten Lebensjahr und dauert ca. bis zum dreißigsten Lebensjahr (nach anderen Interpretationen bis zum vierzigsten). In dieser Phase entwickelt der Mensch enge Beziehungen zu Mitmenschen, vor allem in der Partnerschaft. Verläuft die Stufe erfolgreich, können tragfähige Beziehungen mit Anerkennen der Andersartigkeit anderer Menschen und entsprechender Kompromissbereitschaft etabliert werden. Bei Misserfolg scheitern die Beziehungen, es folgt psychosoziale Einsamkeit.

7. Stufe: Das Anliegen, für zukünftige Generationen zu sorgen (die sog. Generativität) und Stagnation

Diese Stufe wird von Beginn des vierten (bzw. des fünften) Lebensjahrzehnts angenommen und dauert bis zum 65. Lebensjahr. In ihr kümmert der Mensch sich um andere, oft um die eigenen Kinder und Enkel. Viele widmen sich alternativ einem sozialen Engagement, das der Gesellschaft dient (ältere Mitbürger, arme Menschen, Kranke u. a.). Gelingt das, erlebt er das Gefühl, ein nützliches Mitglied einer Gemeinschaft zu sein. Ansonsten erlebt er eine Stagnation seiner Entwicklung, was sich in starker Egozentrik oder Depression zeigen kann.

8. Stufe: Integrität und Verzweiflung

Die Stufe beginnt mit ca. 65 Jahren. Der Mensch hält Rückschau auf sein Leben. Bei Zufriedenheit damit entwickelt er das Gefühl von Erfüllung und lebt sein Leben in Harmonie mit sich selbst und der Gesellschaft weiter. Bereut er vieles und konzentriert sich auf die Vergangenheit, so stellt sich Verzweiflung und damit oft auch Depression ein.

XIII. Bindungstheorie nach Edward John Bowlby (1907 – 1990) und Mary Ainsworth (1913 – 1999)

1. Edward Bowlby: Leben und Entwicklung der Lehre

Der Begründer der Bindungstheorie ist der britische Psychiater, Psychoanalytiker und Psychologe Edward Bowlby. Er gehört zu den am meisten zitierten Psychologen des 20. Jahrhunderts.

Bowlby ist das vierte von sechs Kindern. Sein Vater ist Chirurg, sodass die Familie über ein gutes Einkommen verfügt und der oberen Mittelschicht zuzurechnen ist. Er wird, wie seine Geschwister, in erster Linie von Kinderfrauen erzogen, während seine Mutter ihm pro Tag eine Stunde Aufmerksamkeit widmet. Der Zeitgeist gibt für diese Bevölkerungsschicht als Erziehungsmaxime vor, dass zu viel Zuwendung von Seiten der Eltern die Kinder verwöhnt.

Seine engste Bezugsperson, eine liebevolle Kinderfrau, verliert er im Alter von vier Jahren. Die Nachfolgerin erweist sich als wenig einfühlsam. Deshalb wird er, als er sieben Jahre alt ist, in ein Internat gegeben. Nach Ausbruch des Ersten Weltkriegs bringen die Eltern ihn in einer Privatschule unter, um ihn vor Bombenangriffen besser zu schützen. Über diese Erfahrungen schreibt er später das Buch „Trennung. Angst und Zorn".

Bowlby will zunächst Chirurg werden, wie sein Vater, der ihn auch dazu ermutigt. Doch er bricht nach einiger Zeit das Anatomiestudium ab, weil er sein Interesse für Entwicklungspsychologie entdeckt, sodass er Psychologie studiert. Dann arbeitet er eine Zeit lang als Lehrer, auch für verhaltensauffällige Kinder. Danach macht doch noch einen Abschluss in Medizin. Schließlich qualifiziert er sich noch als Psychoanalytiker. Zwar wird er nie Chirurg, doch 1938 heiratet er die Tochter eines Chirurgen, sie bekommen vier Kinder.

Während des Zweiten Weltkriegs ernennt man ihn zum Oberstleutnant, er arbeitet als Psychiater für Mitglieder der Armee. Zugleich behandelt er außerhalb der Armee Patienten, die unter einer Neurose leiden. Nach dem Krieg wird er Direktor einer Krankenhaus-Abteilung, die Kinder therapiert. Kindertherapie ist zu diesem Zeitpunkt noch neu. Die Weltgesundheitsorganisation beauftragt ihn mit einer Studie über Kinder, die nach dem Zweiten Weltkrieg ihre Eltern und ihre Heimat verloren. Das Ergebnis wird Teil des Konzepts, das die Vereinten Nationen für heimatlose Kinder erstellen.

Ab 1950 arbeitet er mit Mary Ainsworth zusammen, die seine Bindungstheorie unterstützt und später weiterentwickelt. Trotz der Ablehnung seiner Theorie macht die Psychoanalytische Vereinigung ihn zum stellvertretenden Präsidenten, weil er mit seiner Lehre immer mehr Aufmerksamkeit erregt und immer mehr Anerkennung erntet.

Bowlby entwickelt im Zusammenhang mit seiner Arbeit und seinen Forschungen seine Bindungstheorie und trennt sich immer weiter von der Idee der Psychoanalyse, der er zunächst verbunden war. Das führt auch zum Bruch mit der Psychoanalytischen Gesellschaft, weil die Triebtheorie bei ihm immer weiter in den Hintergrund rückt. Sein Fokus ist auch bei der frühen Kindheit, doch er sieht die wichtigen Faktoren der Entwicklung darin, **wie die Eltern ihre Beziehung zu den Kindern gestalten.** Er beurteilt eine Distanz, wie sie seine eigenen Eltern ihm gegenüber hatten, als hemmend.

Bowlbys Theorie ist vollkommen neu und auch Anfeindungen ausgesetzt, bis sie sich als **Alternative zur Triebtheorie** etablieren kann. Es geht ihm um die Bindung, die zwischen dem Kind und der Mutter (bzw. der Bezugsperson) entsteht. Er hält sie von beiden Seiten aus für **naturgegeben.** So, wie das Kind eine emotionale Bindung an die Mutter mitbringt, hat auch die Mutter eine solche Bindung an das Kind. Diese Bindung wird zum tragenden Faktor für das spätere Leben. Ein Kind, das eine enge Bindung an seine Mutter hat, schätzt er als überlebensfähiger ein als das mit einer lockeren Bindung. Er nimmt diese Bindung als so tiefgreifend an, weil er davon ausgeht, dass die **Evolution** sie hervorgebracht hat.

Nach Bowlby kommt der Säugling mit dem Bedürfnis auf die Welt, sich den Schutz und die Nähe der Person zu sichern, die ihm am nächsten steht, in der Regel die Mutter. Dazu bringt er eine Reihe von Verhaltensweisen mit auf die Welt, die ihn unterstützen. Das sind Weinen und Schreien, aber auch Festklammern. Wird er von seiner Mutter getrennt und fühlt sich alleingelassen, so empfindet er Trauer und auch Wut. Die Empfindung, allein gelassen zu werden, aktiviert das Bedürfnis, von allen drohenden Gefahren beschützt zu werden.

Die Mutter ist für das Kind der „sichere Hafen", in dem es diesen Schutz findet. Sobald es sich allein und ungeschützt fühlt, löst es Signale aus, die den sicheren Hafen zum Erscheinen bewegen sollen. Das Kind führt also aktiv Handlungen aus, die sich an die behütende und rettende Zuwendung richten und damit dem Überleben dienen. Die Mutter reagiert darauf, wobei dieses Verhalten auch auf angeborenen Mechanismen beruht.

Bowlbys These ist, dass diese Bindung fest genug sein muss, damit das Kind sich gut entwickeln kann. Sein nächster Schritt ist die Erkundung der Umwelt. Nur wenn es die Bindung trägt, wagt es diesen Schritt. Bindung und Erkundung der Umwelt stehen also in einer wechselseitigen Beziehung. Die frühkindliche Phase legt entscheidende Grundlagen für die spätere Persönlichkeit. Wird in dieser Zeit eine **stabile Bindung** aufgebaut, so entwickelt das Kind sich positiv und erweitert systematisch seine Erkundungstouren in die Umgebung. Wird jedoch keine tragfähige Bindung aufgebaut, so ist dieses natürliche Verhalten der Erkundung beeinträchtigt und das Kind entwickelt psychische Störungen.

Die Bindungstheorie ist aus heutigen pädagogischen Konzepten nicht mehr wegzudenken. Vor allem in den vorschulischen Bereich hielt sie Einzug.

Bowlby teilte vier Phasen ein. Diese wurden von Mary Ainsworth erweitert und näher beschrieben. Das gesamte Ergebnis nimmt folgende Struktur an.

2. Die vier Phasen der Entwicklung nach Bowlby

1. Phase

Es handelt sich um die „Vorphase" der Bindung (nach Bowlby) bzw. um die „Phase der unspezifischen sozialen Reaktionen" (nach Ainsworth).

Der Säugling reagiert aufgrund seiner angeborenen Reflexe und Instinkte, sodass eine personenbezogene Bindung noch gar nicht möglich ist. Das kleine Kind braucht Zeit, um den Geburtsvorgang zu verarbeiten.

Ebenso muss es lernen, sich an die Bedingungen seiner Umwelt zu gewöhnen, die sich von denen während der Schwangerschaft grundlegend unterscheiden. Die Bezugspersonen gleichen ihre Handlungen den Bedürfnissen an, indem sie ihre Stimmlage verändern und körperliche Nähe gewähren. So kann der Säugling die sprachliche Zuwendung gut verkraften und ins Gesicht der Bezugsperson sehen, was ihm Sicherheit vermittelt. Er beginnt damit, seinen eigenen Körper zu spüren. Diese physische Wahrnehmung bildet die Grundlage für das Ich-Bewusstsein.

2. Phase

Danach setzt die **personenunterscheidende Phase** (nach Bowlby) bzw. die „**Phase der unterschiedlichen sozialen Reaktionsbereitschaft**" (nach Ainsworth) ein.

Von der **sechsten Woche bis zu etwa einem halben Jahr** entwickelt sich eine starke **Ausprägung der Bindungen.** Die stärkste Bindung unterscheidet sich eindeutig von den Beziehungen zu anderen Menschen und besteht meistens in der Bindung an die Mutter. Es finden Interaktionen zwischen Mutter und Kind statt, beispielsweise reagiert die Mutter auf das Weinen des Kindes mit Zuwendung und entsprechenden Handlungen. Das Kind lächelt seine Bezugsperson an. Wenn es die Arme nach jemandem ausstreckt, dann in erster Linie nach

ihr. Die Geste erfolgt auch anderen nahestehenden Menschen gegenüber, aber nicht so intensiv. Fremden Menschen gegenüber zeigt das Kind die Geste nicht. Im Allgemeinen bezeichnet man dieses Verhalten als „Fremdeln". Diese Verhaltensweise ist bei unterschiedlichen Kindern unterschiedlich lange und unterschiedlich intensiv. Während die einen sich lediglich abwenden, fangen andere an zu weinen.

In dieser Phase wird das Ich-Bewusstsein weiterentwickelt. Das Kind macht **die Erfahrung, etwas bewirken zu können.** Drückt es ein Spielzeug zusammen, so quietscht es. Schreit es, so setzt die Bezugsperson sich in Bewegung. Reckt und streckt es sich in bestimmter Weise, so wird es auf den Arm genommen.

3. Phase

Es ist die Phase der „eigentlichen Bindung" nach Bowlby bzw. des aktiven und initiierten zielkorrigierten Bindungsverhaltens (nach Ainsworth).

Vom halben Jahr (oder auch ein bis zwei Monate später) bis zu zwei Jahren entwickelt sich die grundlegende Bindung zur stärksten Bezugsperson. Das Kind kann aktiv die Nähe zur Mutter herbeiführen, indem es zu ihr hin oder hinter ihr her krabbelt. Es kann seine Umgebung viel intensiver erkunden als vorher. Die ersten sprachlichen Äußerungen werden möglich. Das Kleinkind stabilisiert sein Ich-Bewusstsein, denn es ist sich seiner selbst als Wesen mit einem Körper bewusst. Sieht es sich gegen Ende der 3. Phase im Spiegel, so weiß es,

dass sein Spiegelbild dort erscheint.

Das Kind macht auch die Erfahrung der Trennung. Wenn die Mutter nicht da ist oder sich außer Sichtweite begibt, spürt es Trennungsschmerz. Es zeigt seine dadurch entstehenden Ängste durch Rufe, Hinterherlaufen oder Suchen. Weil sich die Mutter nicht statisch an einem Ort befindet, richtet das Kind seine Aktivitäten in verschiedene Richtungen. Daher stammt der Begriff „zielgerichtet" in der Definition der Phase.

In funktionierenden Beziehungen sind Mutter und Kleinkind in Kontakt, auch wenn die Mutter nicht in unmittelbarer Nähe ist und das Kind berühren kann. Der Zusammenhalt findet durch Augenkontakt oder sprachliche Äußerungen statt. Dadurch, dass das Kind Signale sendet, die seinen Protest gegen die Trennung anzeigen, wird bei der Mutter das passende Verhalten ausgelöst, nämlich dem Kind ihre Anwesenheit zuzusichern. Mit den Signalen zeigt das Kind, dass eine Bindung besteht. Je schwieriger oder sogar bedrohlicher die Situation für das Kleinkind ist, desto intensiver sucht es nach der schützenden Mutter. **Dass eine gute Bindung besteht, wird durch den Trennungsschmerz bestätigt.** In dieser Phase folgt das Kleinkind der Mutter oft auf Schritt und Tritt. Es will auch immer mehr Dinge kennenlernen.

Die Bindung entwickelt sich auch zu anderen, nahestehenden Personen, in der Regel Familienmitgliedern. Sobald eine tragfähige Bindung besteht, wird Traurigkeit ausgelöst, wenn die Bezugsperson nicht da ist. Das ist der Fall, wenn die Mutter für einige Zeit nicht da sein kann (beispielsweise bei einem Krankenhausaufenthalt). Im Allgemeinen geht man davon aus, dass andere Bezugspersonen das kompensieren können, beispielsweise der Vater oder die Großeltern. Bei langer Trennung kann das für das Kind dennoch eine traumatische Erfahrung sein.

4. Phase

Nun folgt die Phase der **zielorientierten Partnerschaft** (nach Bowlby) bzw. der **zielkorrigierten Partnerschaft** (nach Ainsworth).

Die dritte und vierte Phase fließen ineinander, oft mit Überschneidungen. Die vierte Phase etabliert sich **zwischen dem zweiten und dritten Lebensjahr.** Das Kind beherrscht einen Grundstock der sprachlichen Verständigung und kann das Verhalten anderer Menschen „lesen", d. h., es kann erkennen, was die Bezugspersonen tun und welche Bedeutung das hat, wie etwa das Essen oder einen Spaziergang vorbereiten. Es versucht nun seinerseits, aktiv eine Situation zu steuern und das Verhalten seiner Bezugspersonen zu beeinflussen, zu denen sich mittlerweile Bindungen ausgebildet haben. Die Phase fällt zusammen mit einer enormen Erweiterung des Wortschatzes und der motorischen Fähigkeiten.

Das Kind kann nun unterschiedliche Bezugspersonen definieren und macht die Erfahrung, **verschiedene Dinge mit verschiedenen Personen durchzuführen,** beispielsweise kann es sein, dass Großeltern mit ihm in den Zoo gehen, ein Elternteil abends etwas vorliest oder ein Geschwisterkind mit ihm ein bestimmtes Spiel spielt. Das Kind versucht nun, **die Rollen zu bestimmen** und sich z. B. von jemand anderes etwas vorlesen zu lassen. Es will darüber entscheiden, wer mit ihm was macht. Es kann sein, dass es mit einer bestimmten Person allein etwas unternehmen möchte. Das trifft auch auf Maßnahmen wie die Erziehung zur Sauberkeit oder das Anziehen zu. Deshalb kommt es zur Bezeichnung „zielkorrigierte

Partnerschaft" bei der Definition.

Im weiteren Verlauf behauptet das Kind sein Selbst, indem es ein ausgeprägtes Verlangen nach **Selbstständigkeit** an den Tag legt. Im Allgemeinen wird dieses Verhalten als Ausdruck für das „Trotzalter" definiert. In der Zeit **bis ca. fünf Jahre** etabliert sich das Ich-Bewusstsein noch stärker, das Kind kann klare Botschaften über sich selbst und seine Bedürfnisse senden. So kann es zum Ausdruck bringen, was es mag oder nicht mag, z. B. ein Haustier, und was es will oder nicht will, z. B. etwas zum Essen oder zum Anziehen. Zudem kann es benennen, wo es zu Hause ist.

Das Kind lernt nun auch, **sich in andere Personen hineinzuversetzen.** Seine Neugierde an Gleichaltrigen ist geweckt. Es kann mit anderen Kindern spielen und verschiedene Rollen wie Polizist oder Pilot einnehmen.

3. Die Weiterentwicklung der Bindungstheorie nach Ainsworth

Betonung der Feinfühligkeit

Ainsworth hält, wie Bowlby, diese ersten Jahre für wegweisend im Hinblick auf die gesamte Entwicklung des Menschen. Sie fordert ausdrücklich, dass die Bezugspersonen viel Feinfühligkeit für das Kind in den ersten vier Phasen seines Lebens aufbringen sollen, damit es sich in dieser Phase sicher fühlt, unterstützt wird und gut entwickeln kann. Das Kind soll mithilfe dieser Empathie lernen, dass es einen Selbstwert hat.

Letztlich hängen sowohl eine angemessene Vertretung der eigenen Interessen wie eine angemessene Umgangsweise mit anderen Menschen davon ab, welche Erfahrungen in der Kindheit gemacht wurden. Ein Kind, das sich in einer schützenden, fördernden Umgebung befand, konnte durch einfühlsame Erziehung lernen, wie ein soziales Miteinander funktioniert.

Test „Fremde Situation"

Mara Ainsworth entwickelte eine Testsituation, um mehr über die Qualität von Bindungen aussagen zu können. Sie wurde unter dem Begriff „Fremde Situation" bekannt. Der Ausgangspunkt ist, dass sich ein Kind im Alter von einem Jahr in einem Bindungsmuster befindet. Bei einer gesunden, d. h. kindgerechten Entwicklung sieht es seine Bezugsperson als sicheren Hafen an und kann deshalb damit beginnen, seine Umgebung näher zu erforschen (dieses Erforschen wird in der Wissenschaft „Explorationsverhalten" genannt). Wenn es Angst bekommt oder unsicher wird, hat es die Gewissheit, zu diesem sicheren Ort zurückkehren zu können. Um nähere Aussagen über die Art der Bindung machen zu können, legte Ainsworth die folgende Testsituation fest.

Gestaltung des Tests

Die teilnehmenden Kinder sind im Alter zwischen einem und anderthalb Jahren.

Mutter und Kind befinden sich in einem neuen, also dem Kind unbekannten Raum, in dem Spielzeug bereitliegt. Sie sind zunächst eine Zeit lang allein darin. Das Kind kann sich also an die neue Situation gewöhnen und den Raum näher erforschen. Nun tritt eine dem Kind unbekannte Person ein, die sich Mutter und Kind zuwendet und Kontakt zum Kind aufnimmt. Dann entfernt die Mutter sich aus dem Raum, während die fremde Person bleibt. In der nächsten Phase kommt die Mutter wieder herein, während die fremde Person ihn verlässt. Nach einiger Zeit geht die Mutter wieder, und das Kind ist in dem Raum allein. Dann kommt die unbekannte Person wieder herein. Zum Schluss kommt die Mutter zurück, und die fremde Person verlässt den Raum.

Die Kinder wurden durchgehend beobachtet. Die Ergebnisse wurden in drei Kategorien eingeteilt, später kam durch weitere Tests und Forschungsarbeit die vierte Kategorie hinzu.

Auswertungen des Tests nach Bindungsmustern

Merle Kolb

...orie:

...cheres Bindungsmuster

sich trösten. Dann widmet es sich erneut der Erforschung der Umgebung.

Dieses Verhalten zeigt, dass eine funktionierende Bindung zwischen Mutter und Kind existiert. Das ... so „sicher geb... innere ...

Entwicklungspsychologie leicht erklärt

Die Kinder dieser Kategorie sehen andere Menschen im weiteren Verlauf ihrer Entwicklung als eine Quelle von Unterstützung und Hilfe an. Das Bild von sich selbst etablieren sie in Richtung Kompetenz, und sie gehen davon aus, dass sie es wert sind, respektvoll behandelt zu werden. Sie zeigen sich fähig, Krisen zu überstehen, und nehmen angemessenen Kontakt zu anderen Kindern auf. In der Schule zeigen sie gute Leistungen, und sie haben die Fähigkeit, sich in andere Menschen hineinzuversetzen.

Erwachsene, die als Kind dieser Kategorie angehörten, können stabile Beziehungen aufbauen, in denen sie sich sicher fühlen und gleichzeitig selbstständig handeln können.

Vermeidendes Bindungsmuster

Erlebnis der erneuten Abweisung zu vermeiden. Ärger wird unterdrückt. Im weiteren Verlauf der Entwicklung können diese Kinder

mit belastenden Situationen weniger gut umgehen. Sie neigen dazu, sich zurückzuziehen, und entwickeln Vermeidungsverhalten. Hilfe zu suchen fällt ihnen sehr schwer, und sie haben Probleme damit, in einer Gemeinschaft angemessen mit anderen Menschen

umzugehen. Sie neigen dazu, aggressiv zu werden und unsoziale Verhaltensweisen zu zeigen, z. B. andere zu drangsalieren. Um sich nicht in Gefühlsnöte zu bringen, vermeiden sie engere Beziehungen.

Erwachsene, die als Kind in diese Kategorie fielen, haben Probleme mit stabilen Beziehungen. Sie neigen dazu, eine Beziehung zu verherrlichen und an die Möglichkeiten, die sich durch eine Partnerschaft ergeben, zu hohe Erwartungen zu haben, sodass sie mit der Diskrepanz zur Realität Schwierigkeiten haben.

3. Kategorie:

Unsicher-ambivalentes Bindungsmuster

Ein Kind mit diesem Bindungsmuster versucht, die fremde Person im Raum zu ignorieren.

Es reagiert einfach nicht auf sie. Allein mit ihr, widmet es der Person kaum Aufmerksamkeit.

Gleichzeitig geht die Erforschung der Umwelt deutlich zurück. Das Kind reagiert auf die Mutter mit unterschiedlichen Verhaltensweisen, wenn sie wieder in den Raum zurückkommt. Es zeigt einerseits seine Frustration, indem es aggressiv wird, andererseits will es Sekunden später Körperkontakt zur Mutter und sucht nach Trost.

Bei diesem Kind liegt ein inneres Arbeitsmuster vor, bei dem es die Reaktionen der Mutter nicht voraussehen kann. Sie kann sich so oder so verhalten, das ist nicht absehbar. Diese

Unsicherheit führt bei dem Kind zu einer ärgerlichen Reaktion, während es gleichzeitig nach dem „sicheren Hafen" sucht. Mit diesem Bindungsmuster wird es für das Kind schwierig, belastende Gefühle so zu verarbeiten, dass sie zu

einem normalen Bestandteil seiner Erlebniswelt werden.

Deshalb wird es zunehmend problematisch, mit vergleichbaren Situationen angemessen umzugehen und Bewältigungsstrategien zu erlernen.

Im weiteren Verlauf ihrer Entwicklung bauen die Kinder nur geringes Selbstbewusstsein auf und suchen immer wieder die Sicherheit bei der Mutter. Sie neigen zu Überreaktionen und bekommen Probleme im Umgang mit Gleichaltrigen und Schulkameraden. Das führt oft zu sozialer Isolation. Erwachsene mit diesem Bindungsmuster der Kindheit sind oft weiterhin mit sozialen Kontakten überfordert. Sie stecken in den schwierigen, oft negativ besetzten Erinnerungen an kindliche Beziehungsmuster fest.

4. Kategorie:

Unsicher-desorganisiertes Bindungsmuster

Kinder mit diesem Bindungsmuster lassen kein einheitliches Verhalten erkennen. Die Anwesenheit der fremden Person führt zu **Unsicherheit oder Konfusion**. Die meisten fangen an zu weinen, wenn die Mutter den Raum verlässt. Wenn sie wiederkommt, verfallen sie in eine Art Starre oder einen Wiederholungszwang, in dem sie ständig dieselbe Bewegung ausführen. Viele lassen sich auf den Boden fallen. Es ist jedoch kein klares Verhaltensbild zu erkennen. Sie suchen **sowohl Kontakt wie auch Distanz** zur Mutter. Das lässt darauf schließen, dass die Mutter einerseits Sicherheit verspricht, andererseits aber auch Ängste auslöst.

Man geht davon aus, dass die Mutter einem Trauma ausgesetzt war und deshalb gefühlsmäßig selbst immer wieder in die traumatische Situation zurückversetzt wird. Eine stabile emotionale Bindung zum Kind kann nicht aufgebaut werden. Es erlebt die Mutter als nicht zugänglich, auch wenn sie rein physisch anwesend ist.

In der weiteren Entwicklung zeigen sich die Kinder aggressiv, sozial unangepasst und neigen zu zerstörerischem Verhalten. Sie drohen im üblichen Verlauf (Kindergarten, Schule) in eine soziale Isolation zu geraten. Andere Menschen werden als Bedrohung erlebt.

So kommt es bei Herausforderungen (von der Art, die an

Kinder im Allgemeinen gestellt werden und mit denen man rechnen muss) oft zum Schwanken zwischen schnellem Aufgeben und Aggression, wobei das aggressive Verhalten subjektiv eher als Verteidigung erlebt wird.

Bei diesen Kindern ist es oft der Fall, dass die Mütter selbst erlebte belastende Kindheitserfahrungen an das eigene Kind weitergeben, weil sie von den belastenden Gefühlen überwältigt werden. Bei solchen Konstellationen besteht die Gefahr von Kindesmisshandlung.

Im **Erwachsenenalter** kann es zu großen Problemen mit gesellschaftlichen Normen kommen, weil die Gefühle rationale Überlegungen überlagern. Es kann auch sein, dass mangelnde rationale Handlungen sich auf ein bestimmtes Themengebiet beschränken. So kann das innere Arbeitsmodell, das sich auf Isolation bezieht, bei Trennungen aktiv werden, während es gleichzeitig andere innere Arbeitsmodelle gibt, die dem Erwachsenen ein sozial angepasstes Leben ermöglichen. Es kann also grundsätzlich mehr als ein inneres Arbeitsmodell geben, vor allem, wenn sich das Bild der Bezugsperson komplex darstellt.

XIV. Ausblick

Wenn man sich mit Entwicklungspsychologie beschäftigt, so eröffnet man sich den Blick auf die Tatsache, dass Kinder in einer anderen Welt leben als Erwachsene. Dieser Erkenntnis kann man sich unter verschiedenen Gesichtspunkten widmen. Die wichtigsten, die bis heute großen Einfluss haben, wurden hier vorgestellt.

Kinder sind in kognitiver, psychosozialer und emotionaler Hinsicht in einer Entwicklung, die man begünstigen oder vernachlässigen kann. Man kann sie positiv oder negativ beeinflussen. Die unmittelbare Umwelt in Gestalt der Familie spielt eine große Rolle, ebenso aber auch die weitergehende soziale und kulturelle Umwelt. Die Forschung ist sich einig, dass die Behandlung, die ein Kind erfährt, großen Einfluss auf sein ganzes Leben hat. Darauf stellen pädagogische Empfehlungen für die Erziehung und pädagogische Konzepte in Bildungseinrichtungen ebenso ab wie therapeutische Eingriffe, die bei beeinträchtigten Kindern nötig werden. Die Grundlagen einer Persönlichkeit finden sich nicht nur in den Genen, sondern in erheblichem Maße auch in der Kindheit. Deshalb ist es wichtig, die kindliche Entwicklung zu verstehen und im Rahmen aller Möglichkeiten zu fördern.

Rechtliches und Impressum

Die Inhalte dieses Buches wurden anhand von anerkannten Quellen recherchiert und mit hoher Sorgfalt geprüft. Der Autor übernimmt dennoch keinerlei Gewähr für die Aktualität, Richtigkeit und Vollständigkeit der bereitgestellten Informationen.

Haftungsansprüche gegen den Autor, welche sich auf Schäden gesundheitlicher, materieller oder ideeller Art beziehen, die durch Nutzung oder Nichtnutzung der dargebotenen Informationen bzw. durch die Nutzung fehlerhafter und unvollständiger Informationen verursacht wurden, sind grundsätzlich ausgeschlossen, sofern seitens des Autors kein nachweislich vorsätzliches oder grob fahrlässiges Verschulden vorliegt. Dieses Buch ist kein Ersatz für medizinische oder professionelle Beratung und Betreuung.

Dieses Buch verweist auf Inhalte Dritter. Der Autor erklärt hiermit ausdrücklich, dass zum Zeitpunkt der Linksetzung keine illegalen Inhalte auf den zu verlinkenden Seiten erkennbar waren. Auf die verlinkten Inhalte hat der Autor keinen Einfluss. Deshalb distanziert der Autor sich hiermit ausdrücklich von allen Inhalten aller verlinkten Seiten, die nach der Linksetzung verändert wurden. Für illegale, fehlerhafte oder unvollständige Inhalte und insbesondere für Schäden, die aus der Nutzung oder Nichtnutzung solcherart dargebotener Informationen entstehen, haftet allein der Anbieter der Seite, auf welche verwiesen wurde, nicht aber der Autor dieses Buches.

ISBN: 978-3-98935-521-7

Lucid Page Media (ein Imprint der Orbita Media GmbH)

Ericusspitze 4

20457 Hamburg

Deutschland

kontakt@lucidpagemedia.de

Umschlaggestaltung: chaela (www.chaela.de)

Lektorat: Eugenie Dsos

Formatierung: individualgraphics

Layout: individualgraphics